일하는 방식의 전환,
구글 워크스페이스 활용 가이드

일하는 방식의 전환, 구글 워크스페이스 활용 가이드

기록과 협업, 원격 소통으로 업무 효율성과 생산성 모두를 업그레이드

초판 1쇄 2021년 6월 30일

지은이 최흥식
발행인 최흥석

발행처 (주)프리렉
출판신고 2000년 3월 7일   제 13-634호
주소 경기도 부천시 원미구 길주로 77번길 19 세진프라자 201호
전화 032-326-7282(代)   팩스 032-326-5866
URL www.freelec.co.kr

편집 안동현, 고대광
표지디자인 황인옥
본문디자인 박경옥

ISBN 978-89-6540-297-8

일하는 방식의 전환, 구글 워크스페이스 활용가이드

최흥식 지음

프리렉

코로나19 팬데믹 이후 우리 생활 전반에 걸쳐서 많은 변화가 있었습니다. 기업에서는 일하는 방식에 전례 없는 변화가 일고 있고, 학교에서는 초·중·고뿐만 아니라 대학에서까지 비대면 온라인 수업이 일반화되고 있습니다.

이로 말미암아 기업에서는 원격에서 근무하는 동료들과 원활하게 소통하고, 효율적으로 협업하기 위해서는 새로운 업무 지원 시스템이 필요하게 되었고, 학교에서는 학생들이 집에서도 손쉽게 온라인 수업에 참여하고 학습을 할 수 있는 새로운 시스템이 요구되고 있습니다.

구글은 이러한 변화에 대응하기 위해서 기존의 통합 협업 도구의 대명사였던 G Suite를 재 브랜딩하여 Google Workspace를 새롭게 출시하였습니다. 기업용 버전에서는 원격 협업 업무의 효율성을 더 높일 수 있게 했고, 교육용 버전에서는 온라인 화상 수업 위한 기능과 학습 관리 시스템인 구글 클래스룸의 기능을 대폭 업그레이드 했습니다.

Google Workspace는 14개의 핵심 서비스들로 구성된 통합형 협업 플랫폼입니다. 이 서비스들은 서로 유기적으로 연결되어 있기도 합니다. 이 서비스들을 모두 이해하고 잘 활용한다는 것을 쉬운 일은 아닙니다.

온·오프라인 서점에서 Google Workspace 관련 도서를 찾기가 어렵습니다. 아마도 Google Workspace가 G Suite으로 부터 재브랜딩하여 새롭게 출시한지 얼마 되지 않은 이유도 있겠지만, 무엇보다도 Google Workspace 통합 협업 플랫폼의 효율성을 제대로 이해하고 실제로 이를 활용해본 전문가가 많지 않은 것도 그 이유 중의 하나일 것이라 생각합니다

필자는 구글의 비즈니스 제품들을 10년 전부터 사용하고 있습니다. 구글의 공인 파트너사인 SBC Technology에서 기술 이사로 재직하면서 Google Workspace 관련한 많은 기술 백서를 작성하여 회사 홈페이지와 블로그를 통해서 배포하고 있습니다. 또한 많은 기업을 대상으로 Google Workspace (이전 G Suite 버전 포함) 관련 교육을 하고 있습니다. 이러한 경험과 노하우를 바탕으로 본 도서를 집필하게 되었습니다.

본 도서가 협업 도구를 잘 활용하여 200% 업무 효율을 높이기를 희망하는 분들, Google Workspace를 처음 이용하는 사용자, 기존 G Suite 서비스를 Google Workspace로 전환해야 하는 기업들 그리고 Google Workspace for Education 서비스(이전 G Suite for Education)를 이용하는 교사나 학생들을 위해 조금이나마 도움이 되었으면 합니다.

목차

03부 실무 활용 워크숍 진행하기 ··· 240

01부

...

협업에 필요한
도구 살펴보기

Google Workspace는 "업무처리에 필요한 모든 도구를 한 곳에 모았습니다."를 표방합니다. 내 업무용 작업 공간이 어디에 있든 어떤 기기를 사용하든 시간에 구애받지 않고 원활한 소통과 효율적인 협업이 가능하고 원격 근무 시 기업이 가장 원하는 보안 요소를 더욱 강화한 것이 특징입니다.

코로나19 이후 기업의 업무용 도구 사용 통계를 분석해 보면 원격 화상회의나 온라인 학습 도구, 실시간 커뮤니케이션 도구, 공동 작업이 가능한 협업 도구 사용량이 급격히 늘었다고 합니다. 구글은 이 통계를 바탕으로 협업 업무에 필요한 필수 도구를 한곳에 모아 업무의 생산성을 한층 더 높일 수 있게 했습니다.

1부에서는 Google Workspace로 재브랜딩한 배경과 협업에 필요한 핵심 도구를 자세하게 소개하고자 합니다.

제1장

통합형 협업 플랫폼
Google Workspace

코로나19 팬데믹 현상이 기업의 업무 환경에 많은 변화를 주고 있습니다. 이로 말미암아 재택근무는 선택이 아닌 필수가 되었습니다. 구글은 이러한 변화에 대응하고자 기존의 G Suite 서비스를 더욱 개선한 **Google Workspace** 를 출시하면서 재브랜딩 배경*과 그 이유를 다음과 같이 설명하고 있습니다.

"Google은 10년 넘게 업무 처리 방식에 혁신을 가져다주는 제품을 개발해 왔습니다.

현재 업무 환경은 전례 없는 방식으로 변화하고 있습니다. 이제 많은 사람에게 직장은 출근해서 사무실 책상에 앉아있어야 하는 물리적인 장소가 아니며 대면 방식으로 이루어지던 상호작용들 이 빠르게 디지털화되고 있습니다. 직장인들은 더 이상 커피 머신 앞에 서서 즉석 토론을 벌이지 않으며 대신 자택을 업무 공간으로 활용하고 있습니다. 건설 현장에서부터 중요한 공급망을 책 임지는 전문 배달업체에 이르기까지 모든 곳에서 일선 직원이 스마트폰을 업무 처리에 활용하고 있습니다. 환자를 치료하는 의사들과 지역 사회를 지원하는 현지 정부 기관 역시 기술을 사용한 서비스 제공에 박차를 가하고 있습니다.

이러한 변화 속에서는 시간을 쪼개어 업무와 개인 용무를 처리해야 하고, 인간관계를 맺고 유지 하기가 그 어느 때보다도 어려워졌습니다.

이것은 어려운 과제이지만 고도로 분산되고 점점 더 증가하는 디지털화 세계에서의 성공을 도울 수 있는 중요한 기회이기도 합니다. 적절한 솔루션만 있다면 어디에 있든 상관없이 보다 쉽게 공 동작업하고 가장 중요한 일에 시간을 투자하며 인간관계를 발전시킬 수 있습니다.

Google Workspace가 바로 그러한 솔루션으로, 업무 처리에 필요한 모든 도구를 한곳에서 이용 할 수 있습니다. Google Workspace에는 Gmail, 캘린더, 드라이브, 문서, 스프레드시트, 슬라이 드, 구글 Meet(화상회의) 등 사용자가 익숙하고 즐겨 사용하는 모든 생산성 앱이 포함되어 있습 니다. 직장으로 복귀하거나, 재택근무를 하거나, 일선에서 휴대기기를 활용하거나, 고객과 소통 하는 등 어떤 상황에서든 Google Workspace가 최고의 제작, 소통, 공동작업 방법을 제공합 니다."

Google Workspace는 통합형 협업 플랫폼으로, **중요 업무 도구를 한곳에 모아 출시한 것이 핵심입니다.** 이 핵심 업무 도구가 Gmail에 통합되면서 사용자가 알아야 할 몇 가지 중요한 내용이 있습니다.

Google Workspace를
재브랜딩한 배경

https://cloud.google.com/
blog/ko/products/google-
workspace/introducing-
google-workspace

1.1 협업 효율을 높이는 업무 도구를 한곳에 모으다

Google Workspace는 14개의 핵심 서비스인 Gmail, 캘린더, 채팅, Meet(화상 회의), Keep, 드라이브와 문서, 사이트 도구, 작업(Tasks), Currents, Cloud Search, 그룹스, 잼보드, Google Vault(디지털 증거 검색 도구), Work Insights* 등으로 구성됩니다.

표 14개 핵심 도구

Gmail	기업 맞춤형 비즈니스 이메일. 클라우드 웹 기반 이메일 서비스. 스팸 99.98% 처리. 라벨과 필터로 이메일 자동 분류.
캘린더	개인 일정, 업무 일정, 그룹 일정 관리, 회의실 관리, 온라인/오프라인 회의 일정 관리를 위한 서비스.
채팅	실시간 커뮤니케이션 플랫폼. 1대1 대화, 1대N 대화, 채팅방, 챗봇, 파일과 할 일 관리, Gmail 통합 환경. 실시간 화상 회의, 문서 공유와 편집.
Meet	온라인 화상 회의 서비스. 녹화, 노이즈 캔슬, 최대 250명 동시 회의, 최대 10만 명 스트리밍(한 도메인 내에서).

Keep	메모 작성과 관리 도구. Gmail 통합. 텍스트/이미지/그림 메모. 알림. 메모 공유.
드라이브와 문서	사용자별 드라이브, 공유 드라이브 서비스. 문서 도구(문서, 스프레드시트, 프레젠테이션), 승인/거부 워크플로, 데스크톱용 드라이브 동기화 앱 제공.
사이트 도구	내부/외부용 웹페이지 저작 도구. 인트라넷, 웹페이지 구축.
작업(Tasks)	할 일 목록 관리 서비스.
Currents	커뮤니티 서비스를 위한 도구. 사내/외부용 커뮤니티 서비스. 기업용 SNS.
Cloud Search	Gmail, 캘린더, 드라이브, 그룹스, 사이트의 통합 검색 서비스.
그룹스	그룹 메일, 공동 받은 편지함, 드라이브 그룹별 권한 부여, 동적 그룹, 타깃 서비스.
잼보드	온라인 화이트보드 서비스. Meet 화상 회의 통합 서비스 제공.
Google Vault	데이터(Gmail, 드라이브, 그룹스, Chat, Meet) 보존과 보관 관리. 디지털 증거(eDiscovery) 검색
Works Insights	Workspace가 조직에 미치는 영향을 실시간으로 분석. 작업 패턴, 앱 사용률, 공동 협업 작업 통계 분석.

(*) Work Insights (영문)
https://workspace.google.com/
products/workinsights/

(*) Google Workspace 소개
https://workspace.google.com/
intl/ko

Google Workspace에서는 앞서 나열한 14가지 서비스 중에서 협업에 가장 많이 활용할 수 있는 핵심 도구를 골라 Gmail 안에서 쉽게 사용할 수 있도록 통합했습니다. 이제 이메일, 실시간 채팅, 공동 문서 편집, 화상 회의, 일정 관리, 할 일 관리, 파일 관리를 Gmail 서비스 한곳에서 모두 처리할 수 있게 되었습니다.

→ Google Workspace Gmail 통합 UI와 모바일 Gmail 앱

구글이 Google Workspace 업그레이드 시 가장 많이 고려한 것은 **업무 효율을 높이는 것**과 **지적 재산 보호를 위한 보안 강화**입니다. 이에 Google Workspace를 새롭게 출시하면서 업무 효율을 한층 더 높일 수 있는 몇 가지 대표적인 기능을 추가로 발표했습니다.

일대일, 그룹 채팅 또는 채팅방을 통합 Gmail에서 실행

실시간 채팅을 사용하여 협업 동료와 일대일 대화를 나누거나 비공개 프로젝트 그룹을 만들어 여러 멤버와 동시에 채팅할 수 있습니다.

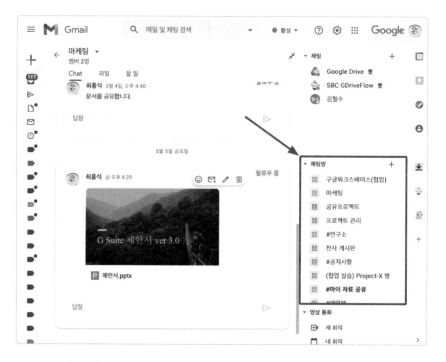

→ Gmail에서 바로 채팅 참여

온라인 회의 예약, 시작, 참여를 통합 Gmail에서 실행

　온라인 화상 회의를 예약할 수 있으며, 이미 초대된 회의에 참석할 수도 있습니다. 이 모두 Gmail 안에서 이루어집니다.

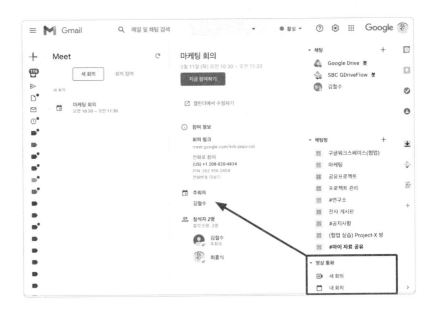

→ Gmail에서 온라인 회의 참여

채팅 메시지를 이메일로 전달

　채팅에서 대화한 메시지는 Gmail 받은 편지함으로 전달(✉)할 수 있습니다. 이렇게 하면 채팅 기록이 사용 중지된 경우에도 이메일로 채팅 메시지 기록을 보관할 수 있습니다.

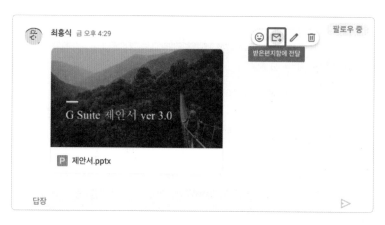

→ 채팅방에서 대화 목록을 받은 편지함으로 전달하기

이메일에는 대화 목록의 마지막 4개 메시지가 포함됩니다. 나중에 채팅 기록을 사용 중지해도 메시지는 받은 편지함에 계속 남아 있습니다.

→ 채팅방에서 '받은 편지함'으로 전달한 메시지

Gmail 채팅방에서 파일 관리하기

채팅방에서 공유한 파일을 관리할 수 있습니다. 공유한 파일 목록을 확인할 수 있으며 목록의 파일을 구글 드라이브에 추가할 수도 있습니다. 파일이 있는 채팅 메시지를 삭제하면 파일도 채팅방에서 삭제됩니다.

→ 채팅방 파일 관리

채팅방에서 공동의 할 일 목록 만들고 이를 할당

통합 Gmail 환경에서는 할 일 관리 기능을 통해 팀이 계획대로 일을 진행하고 일의 우선순위를 정할 수 있도록 도와줍니다. 이뿐만 아니라 채팅방에서 바로 팀원 간에 할 일을 할당하고 공동 목표를 향한 진행 상황을 추적할 수 있습니다.

→ 할 일 만들고 할당하기

삽입된 문서 링크 미리 보기(스마트 캔버스 기능)

문서, 스프레드시트, 프레젠테이션 안에서 다른 문서 링크된 내용에 커서를 옮기면 별도의 창을 열지 않고도 링크된 문서를 미리 볼 수 있습니다.

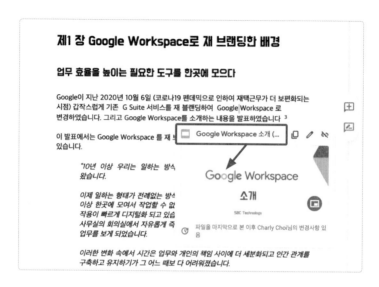

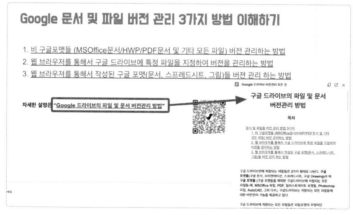

→ 문서와 프레젠테이션 안에 링크한 다른 문서 미리 보기

공동 문서 작업자 추가(스마트 캔버스 기능)

구글 문서의 주요 특징 중 하나는 협업자와 공동으로 문서를 편집할 수 있다는 것입니다. 공동 편집을 위해서는 문서의 메뉴에서 공유 버튼을 클릭하고 공유자를 지정하는 과정이 필요했습니다. 이번에 새롭게 추가되는 기능에서는 문서, 스프레드시트, 프레젠테이션에서 @멘션으로 특정 사용자를 지정하면 자동으로 해당 사용자가 표시됩니다(자동 완성 기능으로 사용자 명단이 표시됨).

공동으로 문서 작업을 할 때 작업자를 @멘션으로 명시하면 자동으로 해당 공동 작업자에게 문서 공유를 위한 접근 권한을 부여하고 공유가 이루어집니다.

→ @멘션으로 공동 문서 작업자 추가

채팅방에서 문서와 일정 생성

채팅방에서 새 문서 만들기 아이콘(📝)을 클릭하면 문서, 스프레드시트, 프레젠테이션을 직접 생성할 수 있습니다.

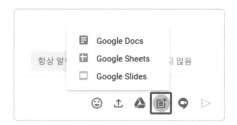

→   채팅방에서 바로 문서 만들기

채팅방 멤버와 미팅 일정을 정하거나 화상 회의 약속을 해야 할 경우 캘린더 앱을 열고 일정을 생성한 후 일일이 멤버를 초대할 필요 없이 새 대화목록에서 📅 아이콘을 터치하여 바로 일정을 만들 수 있습니다.

→   모바일용 Gmail 앱에서 일정 추가하기

화상 회의 PIP 지원

구글 문서, 스프레드시트, 프레젠테이션에서 화상 회의 PIP(picture-in-picture)를 지원합니다. 구글 문서 안에서 협업자와 공동 작업 시 메인 화면을 벗어나지 않고도 화면 위에 화상 회의 창을 열어 놓고 작업을 할 수 있습니다.

Google Workspace 소개

https://cloud.google.com/
blog/ko/products/google-
workspace/introducing-
google-workspace

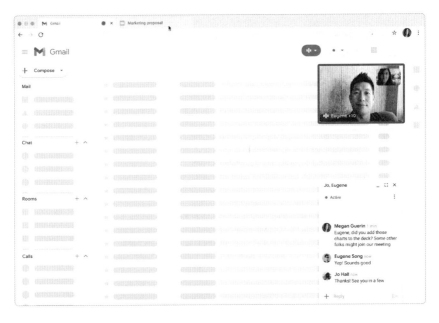

→ 화상 회의 PIP 지원*

Gmail 사이드바에 유용한 도구 추가

이미 Gmail 통합 메뉴 안에는 채팅, 채팅방, 화상 회의(Meet), 사이드바(캘린더, Keep, 할 일) 등이 한곳에 모여있으며 이 사이드바에는 연락처도 추가되었습니다.

연락처에서는 내 연락처 목록을 쉽게 검색할 수 있을 뿐만 아니라 Gmail로 수신한 이메일(특히 대화형으로 여러 번 주고받은 이메일)에서 누구하고 이메일이 오고 갔는지를 목록으로 쉽게 확인할 수 있습니다.

→ 사이드바에서 대화 참여한 사용자 확인

제2장

기업용 Gmail

Google Workspace는 협업에 필요한 핵심 도구를 한곳에 모았습니다. 그 중심에 Gmail이 있습니다.

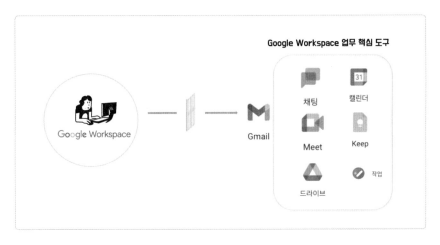

→ 업무에 필요한 핵심 도구

필요한 도구가 한곳에 모여 있다고 해서 업무 효율이 저절로 올라가는 것은 아닙니다. 각 도구의 활용 방법에 따라서 업무 효율이 달라질 수 있습니다. Google Workspace의 가장 큰 특징은 바로 협업 시 필요한 도구를 한곳으로 통합한 것입니다.

▦ 협업에 필요한 도구

도구	설명
Gmail	자동 분류, 라벨과 필터, 대화형 이메일, 스팸 99.98% 차단
채팅	일대일 채팅, 그룹 채팅, 문서 공유, 화상 회의, 캘린더, 지능형 챗봇 지원
채팅방	전사/부서별/업무별/프로젝트별 작업 공간, 단체 대화, 단체 문서 공유, 파일 관리, 할 일 관리
영상 통화	구글 Meet 화상 회의
구글 문서 도구	문서, 프레젠테이션, 스프레드시트 생성과 공유
캘린더	내 일정, 그룹별 일정, 부서별 일정, 프로젝트별 일정 관리
Keep	기록을 위한 메모장
할 일 관리(Tasks)	할 일 목록 관리, 이메일 관리, 프로젝트 관리
연락처	연락처 검색, 수신된 메일에 명시된 사용자 확인(수신(to), 참조(cc), 숨은 참조(bcc))
Gmail 애드온	서드파티에서 개발한 Gmail 부가 기능 앱(Gmail 애드온 마켓플레이스에서 선택하고 설치)

통합이 주는 가장 큰 이점은 주 화면을 벗어나지 않고도 필요한 모든 업무를 효율적으로 할 수 있다는 것입니다.

재택근무하는 동료와 협업할 때는 여러 가지 유형이 있을 수 있습니다.

- 이메일로 주고받아야 할 업무가 있습니다.
- 실시간으로 1대1 또는 그룹 대화를 해야 할 때도 있습니다.
- 예약된 날짜에 맞추어서 화상 회의를 해야 할 때도 있습니다.
- 때에 따라서는 수시로 회의를 해야 할 때도 있습니다.

▪ 원격에서 공동으로 문서 작업을 해야 할 때도 있습니다.

Google Workspace는 이러한 유형의 업무를 훌륭하게 지원합니다. 'Google Workspace란 이런 것이다' 소개 동영상＊을 보면 다양한 형태의 협업 작업이 모두 Gmail 안에서 이루어지는 것을 확인할 수 있습니다.

'Google Workspace란 이런 것이다' 데모 영상

https://www.youtube.com/watch?v=jt7TNyxpjUc

Gmail 활성 사용자 수가 10억 명을 돌파했다고 합니다. 그러나 Gmail 사용자 대부분은 늘 쓰는 기본적인 기능만 사용합니다. 그러나 Gmail에는 우리가 아는 것 이상으로 많은 기능이 있습니다. 특히 Google Workspace에서는 Gmail 안에 통합된 업무 도구가 제공되면서 업무 효율을 높일 수 있는 많은 기능이 추가되었습니다.

구글은 업무의 생산성을 높이고자 인공지능 기술 적용에 심혈을 기울이고 있습니다. 특히 Gmail은 사용자의 생산성 향상을 위하여 인공지능 기술을 가장 많이 적용한 서비스 중의 하나입니다.

하루에도 100통 이상의 메일을 받는 사람이 많습니다. 이러한 메일 중에는 바로 답장을 주어야 할 중요한 메일은 5% 미만이라고 합니다. 이 5% 미만의 메일을 확인하고자 100통의 메일을 일일이 확인하면서 업무 시간 대부분을 소모합니다. Gmail에서는 많은 시간을 들이지 않고도 5%의 중요한 메일만 자동으로 분류하고 이를 효율적으로 처리할 수 있습니다. 이러한 기능을 잘 활용할 수 있다면 업무 효율을 200% 이상 올릴 수 있습니다.

편지함, 필터, 라벨에 대한 이해

Gmail을 효율적으로 사용하려면 각종 편지함(받은 편지함, 전체 보관함, 보낸 편지함, 별표 편지함, 중요 편지함, 임시 보관함) 개념과 사용자가 자유롭게 만들 수 있는 라벨 개념을 이해해야 합니다.

Gmail이 제공하는 편지함들은 시스템 라벨이라고도 합니다. 시스템 라벨에는 받은 편지함, 전체 보관함, 보낸 편지함, 별표 편지함, 중요 편지함, 임시 보관함 등이 있습니다.

시스템 라벨은 사용자 라벨과는 다르게 마음대로 시스템 라벨을 추가하거나 삭제할 수 없으나 설정에서 숨기기 할 수는 있습니다. 단, 받은 편지함은 숨길 수 없습니다.

→ 편지함과 라벨

전체 보관함

이 편지함 중에서 가장 중요한 편지함은 **전체 보관함**입니다. 수신되는 모든 메일과 전송되는 이메일의 원본은 물리적으로 전체 보관함에만 저장됩니다.

다른 이메일 시스템(예: 아웃룩)과는 다르게 Gmail 안에서는 메일 사본 만들기, 폴더 생성 후 폴더에 메일 저장하기 등의 기능은 제공하지 않습니다. **모든 메일의 원본은 전체 보관함에만 있습니다.** 찾고자 하는 메일이 전체 보관함에 없다면 이미 삭제했거나 수신한 적이 없는 메일입니다.

받은 편지함

Gmail 사용자가 가장 많이 혼동하는 것 중의 하나가 **받은 편지함**입니다. 대부분의 Gmail 사용자는 메일을 수신하면 받은 편지함에 저장되는 것으로 착각하고 있습니다. 사실 받은 편지함은 물리적으로 메일을 저장하는 장소는 아닙니다. 받은 편지함은 일종의 **라벨**로, Gmail이 기본으로 제공하는 시스템 라벨입니다. 즉, 수신한 모든 이메일의 원본은 전제 보관함에 저장되고 수신한 메일임을 표시한 라벨이 있을 뿐입니다.

그러므로 수신한 모든 메일에는 '받은 편지함' 라벨이 자동으로 붙습니다. Gmail 왼쪽에서 받은 편지함의 의미는 전제 보관함에 저장된 메일 중에서 '받은 편지함' 라벨이 붙은 메일만 검색한다는 의미입니다.

→ 받은 편지함은 '받은 편지함' 라벨이 붙은 메일을 모아둔 곳

전체 보관함에 저장된 메일을 확인해 보면 받은편지함 ✕ 라벨이 붙어 있는 것을 확인할 수 있습니다.

보관 처리

받은 편지함에서 검색한 메일을 열어 '받은 편지함' 라벨을 제거할 수 있습니다. '받은 편지함' 라벨을 제거한다는 의미는 Gmail에서는 **보관 처리**한다는 뜻입니다. 즉, 보관 처리의 뜻은 받은 편지함에서는 검색되지 않게 하고 전제 보관함에서만 검색되게 한다는 것입니다.

메일 읽기 화면 위의 보관 처리 아이콘(▼)을 이용하여 보관 처리할 수 있습니다.

→ 수신한 이메일 보관 처리

사용자 라벨

사용자 라벨은 사용자가 필요할 때 자유롭게 생성하거나 삭제할 수 있습니다. 사용자 라벨은 일종의 포스트잇과 같은 역할을 합니다. 메일을 분류하거나 쉽게 정리하고자 색깔별로 포스트잇을 붙였다 떼었다 하는 것과 같습니다.

예를 들면 Gmail 사용자는 고객 관리를 위하여 '주요 고객'이라는 라벨을 생성하고 수신한 메일이 주요 고객에게서 온 메일이라면 해당 메일에 '주요 고객' 라벨을 붙일 수 있습니다.

이때 사용자 라벨을 붙이는 방법에는 두 가지가 있습니다.

첫 번째: 받은 편지함에서 사용자 라벨 붙이기

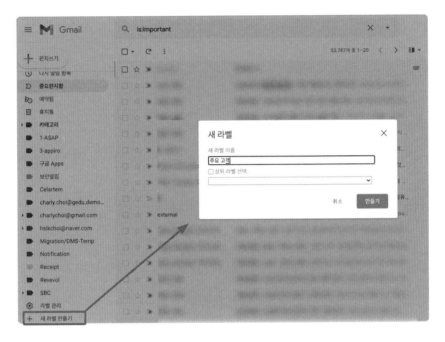

→ 새 라벨 만들기

왼쪽 아래의 ✛ 새 라벨 만들기를 클릭한 다음 원하는 라벨을 입력합니다. 그리고 옮길 메일을 선택하고 목록 위 라벨 아이콘(▬)을 클릭한 다음 원하는 라벨을 선택합니다.

이렇게 하면 '받은 편지함' 시스템 라벨과 '주요 고객' 사용자 라벨 두 개 모두를 붙인 것과 같습니다. 즉, 받은 편지함에서도 찾을 수 있고 '주요 고객' 라벨로도 찾을 수 있습니다.

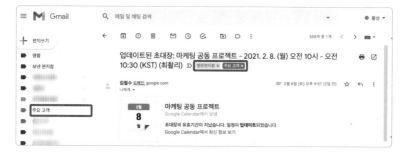

→ '주요 고객' 라벨을 추가한 모습

두 번째: 받은 편지함 라벨을 제거하고 사용자 라벨을 붙이기

이는 메일을 전체 보관함에 보관 처리하면서 사용자 라벨만 붙이는 것입니다. 즉, 받은 편지함에서는 검색할 수 없고 전체 보관함 또는 사용자 라벨에서는 검색할 수 있습니다.

→ 받은 편지함 라벨을 없애고 사용자 라벨을 붙여 관리

2.2 받은 편지 관리하기

Gmail 자동 분류

하루에도 수백 통 이상의 메일을 수신하는 경우가 있습니다. 스마트폰용 Gmail에서는 수시로 메일 수신 알림이 뜹니다. 이 알림은 적지 않은 스트레

스를 일으킵니다. 이러한 스트레스를 줄이는 가장 좋은 방법의 하나는 가능한 한 받은 편지함에 쌓이는 메일 빈도를 줄이는 것입니다.

수신하는 메일 대부분은 스팸이거나 뉴스레터, 홍보성 메일 등 별로 중요하지 않은 것이 대부분임에도 수신된 메일이 중요한지를 확인하고자 시간을 들이곤 합니다. 이런 작업은 업무 효율을 저하하는 요소 중 하나입니다. 이에 오래전부터 Gmail에서는 메일 업무 효율을 높이기 위한 여러 가지 기능을 제공했습니다. 이를 잘 알고 활용한다면 업무 효율을 200% 이상 높일 수 있습니다.

Gmail은 **머신러닝**을 적용한 **자동 분류**(Priority Inbox) 기능을 제공합니다. 이는 사용자가 수신하는 메일과 답장을 보내는 패턴을 학습하여 중요한 메일인지를 자동으로 분류해서 알려줍니다. 일반적으로 자동 분류 설정이 안 된 Gmail에서는 메일을 수신하면 전체 보관함에 원본을 저장하고 받은 편지함 라벨을 붙입니다. 그리고 메일 수신 알림이 발생합니다. 받은 편지함에 쌓이는 이러한 메일의 수를 줄이는 것이 메일 스트레스를 줄이는 것이고 또한 메일 업무 효율을 높이는 작업이 될 것입니다.

이 자동 분류 기능을 사용하면 메일 업무 효율을 높일 수 있습니다. 머신러닝에 의해서 학습이 된 자동 분류기는 중요한 메일을 자동으로 분류합니다. 이렇게 함으로써 사용자는 자동 분류함(중요하지만 읽지 않은 메일)에 쌓인 메일을 우선 처리함으로써 메일 업무 처리 시간을 줄일 수 있습니다. 즉, Gmail에 자동 분류 기능이 설정되어 있다면 스마트폰 Gmail 앱은 자동으로 분류한 메일만 알려줍니다. 이렇게 하면 메일 알림에 대한 스트레스를 많이 줄일 수 있습니다.

Google의 2011년 통계를 보면 Gmail에 자동 분류를 적용했더니 중요하지 않은 메일을 읽는 데 낭비하는 시간을 약 13% 줄일 수 있었다고 합니다. 10

년 정도 세월이 흐른 지난 지금은 머신러닝 성능이 많이 개선되어 자동 분류 효율은 훨씬 높아졌습니다.

Gmail의 자동 분류 기능은 받은 편지함과의 상호 작용 방식을 분석하여 중요 편지함에 배치할 메일을 결정합니다. 중요한 메일은 보낸 사람과 내가 보낸 메일의 빈도, 이전에 열어본 메일, 회신한 사람, 자주 열어본 메일에서 발견한 키워드 분석, 별표가 표시된 메일(보관 또는 삭제한 이메일) 등을 분석하고 학습하여 결정하게 됩니다.

머신러닝을 이용한 자동 분류가 완벽하게 동작하는 것은 아닙니다. 때로는 중요하지 않은 메일을 중요 편지함에 저장할 수도 있습니다. 이럴 때는 수동으로 해당 메일을 선택하여 중요하지 않은 대화로 바꿀 수 있습니다. 또한, 중요한 메일이 자동 분류함에는 없고 받은 편지함에 저장될 수 있습니다. 이때도 마찬가지로 해당 메일을 선택하여 중요한 대화로 처리할 수 있습니다. 이렇게 함으로써 자동 분류의 정확성을 더 높일 수 있습니다.

Gmail에서 다음과 같은 심볼을 보신 적이 있나요?

늘 보던 심볼인데 과연 이 심볼이 무슨 의미가 있었는지 알고 이용하는 분들은 많지 않을 것으로 생각합니다.

→ 이메일의 중요도 구분

→ 자동으로 분류한 이메일에 붙은 심볼

Gmail이 가장 자랑하는 기능 중의 하나가 자동 스팸 처리입니다. 다른 이메일 시스템과 비교하면 Gmail에서는 스팸으로 받는 스트레스는 거의 없습니다.

앞의 Gmail 수신 메일 목록에서 노란색 심볼(▶)은 Gmail이 중요하다고 분류한 메일입니다. 만일 이 심볼의 메시지가 중요한 메일이 아니라면 해당 심볼을 클릭하여 중요 메일에서 해제할 수 있습니다. Gmail은 이런 패턴을 학습하여 정확도를 더 높입니다.

》 심볼 안에는 >>가 있습니다. 이 심볼의 의미는 메일의 수신자(To:) 목록에 다른 수신자는 없고 본인한테만 유일하게 보낸 메일이라는 뜻입니다. 즉, 중요한 메일로 분류되어 있으면서 본인한테만 보낸 메일입니다.

〉 심볼은 >가 있습니다. 이 심볼의 의미는 메일의 수신자(To:) 또는 참조(CC:) 목록에 본인 이외에 다른 수신자 또는 참조자가 있다는 것을 의미합니다. 즉, 중요한 메일로 분류되어 있으면서 수신자 또는 참조자에는 여러 명이 있고 그중에 자신이 포함된 이메일이라는 뜻입니다.

〉 심볼은 >>, >도 없고 노란색도 없는 상태입니다. 이 메일의 의미는 수신자(To:) 또는 참조(CC:) 어디에도 본인의 이메일 주소가 포함되어 있지 않았을 때입니다. 이렇게 분류된 메일은 주로 그룹 메일 주소로 보낼 때 나타나는 현상입니다(예: 수신자 주소에는 sbc.newsletter@sbctech.net만 나타나고 본인이 이 그룹에 멤버로 포함되어 있을 때).

Gmail에서는 이처럼 수신한 메일 목록만으로도 중요한 이메일인지, 본인한테만 온 메일인지, 다른 수신자 중에 내가 포함된 이메일인지를 직관적으로 알 수 있습니다.

자동 분류함을 설정하려면 먼저 설정 아이콘(⚙)을 누른 다음 <모든 설정 보기> 버튼을 클릭합니다. 그러고 나서 받은 편지함 탭의 받은 편지함 유형:에서 자동 분류함을 선택합니다.

→ 자동 분류함 설정

자동 분류함에서 중요하지만 읽지 않은 메일에 수신된 메일 중 읽고 난 후에
도 중요한 메일로 나중에 다시 읽고자 한다면 ☆ 아이콘을 클릭하여 ⭐로
표시하여 별표 편지함으로 옮기면 됩니다.

→ 받은 편지함 유형을 [자동 분류함]으로 선택했을 때

후속 조치(Nudge 기능)

Gmail을 사용하다 보면 받은 편지함에 메일이 넘쳐나는 바람에 제때 답장
을 놓치거나 오래전에 중요한 메일을 보냈는데 답장을 받지 못한 경우 후속

조치가 필요할 수 있습니다. 이럴 때는 이른바 '**넛지**(Nudge, 후속 조치를 할 이메일 추천)'라는 기능을 사용하면 됩니다.

즉, 사용자가 놓치고 있었던 중요한 이메일 중에서 후속 조치가 필요한 메일을 자동으로 찾아서 표시하는 기능입니다(예: 6일 후에 다시 알림을 설정). 새로운 계정이 설정된 사용자는 기본적으로 후속 조치가 필요한 메일 표시가 사용으로 설정되지만 원한다면 설정 메뉴에서 사용을 중지할 수도 있습니다.

기본 설정 탭의 중요한 메일 올리기: 항목에서 원하는 항목을 선택합니다.

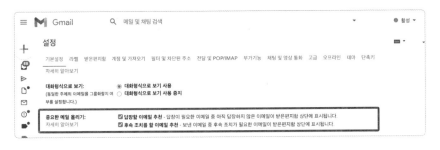

→ 후속 조치를 할 이메일 추천 설정

이 머신러닝 기능을 사용하면 메일을 사용할 때 작업의 우선순위를 정하는 데 도움이 됩니다.

스마트 답장

Gmail 시스템은 매일 수억 통의 메시지를 처리합니다. 이 중에서 10% 정도는 모바일 Gmail에서 **스마트 답장**(Smart Reply) 기능으로 답장을 보냅니다. 이제는 웹용 Gmail에서도 스마트 답장을 이용하여 빠르게 응답할 수 있습니다.

스마트 답장은 수신된 메일의 본문 내용을 머신러닝으로 자동 분석하여 적절한 문구 후보 3개를 자동으로 만들어 줍니다. 대부분 수신된 메일에 대한 답장 문구는 간단 명료하게 입력하는 경우가 많습니다. 이때 Gmail은 머신러 닝으로 학습한 문구를 추천하여 줍니다(현재는 본문이 영문일 때만 가능).

모바일 스마트폰 사용 시 수신된 메일에 답장을 작성하는 작업은 그리 간 단한 일은 아닙니다. 그러나 이 스마트 답장이 추천하는 문구를 이용하면 바 로 답장을 보낼 수 있습니다.

Thank you for your understanding.　Thanks a lot.　Thank you, that means a lot.

→ 스마트 답장 기능

발신자 IP 추적을 피하는 방법

받은 이메일 중에는 이메일을 여는 순간 자신도 모르게 컴퓨터의 IP 정보 나 기타 원치 않는 정보(어떤 브라우저를 사용하는지, 사용하는 이메일 앱이 무엇인 지, 접속한 IP 주소 등)가 노출되는 경우가 발생합니다. 그러므로 이메일 수신 시 자신도 모르게 발신자 IP 추적을 당하게 될 수 있습니다.

다행히도 Gmail 시스템에는 상대방의 발신자 IP 추적(메일 수신 확인 수단)을 막는 방법을 제공합니다. 대부분의 이메일 서비스 시스템은 **수신 확인 기능**을 제공합니다. 보낸 메일을 수신자가 읽었는지를 확인하는 방법으로 이메일 본 문 안에 보이지 않는 이미지(픽셀)를 삽입하여 전송합니다. 수신자가 이메일 내용을 읽을 때 해당 이미지 파일에 자동으로 접근하게 되는데, 이렇게 되면 수신자의 IP 주소나 기타 브라우저 정보 등이 노출될 수 있습니다.

Gmail에서는 의도하지 않은 IP 추적을 막는 방법으로 메일 내용에 포함된 이미지 표시 여부를 선택할 수 있습니다. 본문 내용에 의심되는 이미지가 있다면 이미지를 표시하지 않는 것입니다. 따라서 이메일을 보낸 상대방(Gmail 사용자가 아닌 다른 이메일 시스템 사용자도 해당)의 메일 수신 확인 요청을 수락하지 않으려면 본문 내용에 포함된 이미지를 표시하지 않으면 됩니다(본문 안는 이미지가 안 보이지만 Gmail에서는 보이지 않는 이미지가 있음을 알려줌).

Gmail에서 본문 내용에 외부 이미지를 자동으로 표시하지 않게 설정하려면 설정 아이콘(⚙)을 누른 다음 <모든 설정 보기> 버튼을 클릭합니다. 그러고 나서 기본 설정 탭의 이미지: 항목에서 외부 이미지를 표시하기 전에 확인을 선택하면 됩니다.

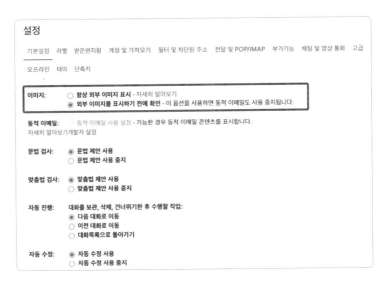

→ 이미지 표시하지 않기

이 설정은 메일 발신자가 자신도 모르게 메일 수신 확인을 요청하는 메일을 보내게 되면 Gmail에서는 메일 수신 시 다음과 같은 메시지를 표시합니다.

→ 수신 메일의 이미지 표시 안 하기

분명히 본문 내용에는 텍스트만 있고 이미지는 없는데 '이미지가 표시되지 않았습니다.'라는 메시지가 표시된다면 이 메일은 십중팔구 상대방이 수신 확인을 요청한 메시지일 가능성이 큽니다. 이때 수신 확인 상황을 전달하고 싶지 않다면 이미지를 표시하지 않으면 됩니다.

Gmail 시스템에서는 메시지 본문 안에 포함된 이미지가 발신 IP 추적의 수단이 되거나 이미지 삽입을 이용한 정보 해킹을 차단하기 위한 다양한 보안 장치를 제공합니다. 이에 대한 자세한 정보는 구글에서 제공하는 도움말을 참조*하세요.

구글 도움말
https://support.google.
com/mail/answer/1459
19?hl=ko

숨겨진 시스템 라벨 활용

Gmail 안에는 사용자에게 공개되지 않은 시스템 라벨이 대략 40개가 있습니다. 이 라벨은 시스템이 만들어 놓은 예약어이므로 사용자는 같은 이름의 라벨을 만들 수 없습니다. 예를 들어, 사용자가 'travel'이라는 라벨을 생성하면 다음과 같이 이미 예약된 시스템 라벨이라는 경고 메시지가 나오면서 생성할 수 없게 됩니다.

새 라벨   ✕

죄송합니다. 예약된 시스템 라벨인 'travel' 라벨은 만들 수 없습니다. 다른
이름을 사용해 보세요.

```
travel
```

☐ 상위 라벨 선택:

```
                                                    ▼
```

취소   **만들기**

→ 시스템 라벨은 만들 수 없음

다음은 예약어로 등록된 시스템 라벨 목록입니다.

Personal, social, promotion, promos, updates, forums, travel, purchases,
finance, all, Buzz, chat, chats, done, draft, drafts, important, inbox, lowpriority,
low_priority, mute, muted, pinned, read, reminder, reminders, scheduled, sent,
snoozed, spam, phishing, star, starred, task, tasks, trash, trips, nimportant,
unread, voicemail, saved

Gmail 시스템은 수신한 메일 내용을 자동으로 분석하여 시스템 라벨에 해
당하는 메일이 있으면 자동으로 라벨을 붙입니다. 사용자는 이 라벨을 활용
하여 원하는 메일을 쉽게 검색하여 찾을 수 있습니다. 예들 들어, Gmail 검색
창에서 'label:travel'로 검색하면 본문 내용에 여행에 관련된 메일 내용(예: 항
공권 구매 내역, 호텔 예약 내역, 여행사 문의 등)을 모두 찾아 줍니다. 또한, 'label:
social'로 검색하면 각종 SNS(예: 페이스북, 트위터, 인스타그램 등)에서 수신한 메
일만 자동으로 찾아 줍니다.

편지 보내기

동보 메일 보내기

Gmail에서 **동보 메일** 또는 배포 리스트를 만들어 동시에 보내는 방법을 알고 계신가요? 내 연락처에서 받는 사람 목록을 만들어 라벨을 부여하는 방법이 있는데, 이처럼 자주 메일을 보내는 그룹이 있다면 연락처에서 받는 사람 목록을 만들고 적당한 라벨을 부여한 후 이 라벨을 사용하여 동보 메일을 보낼 수 있습니다.

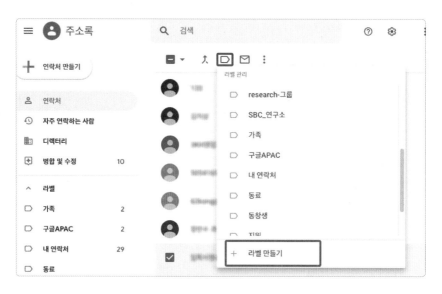

→ 주소록에 새 라벨 지정

편지 쓰기에서 받는 사람을 클릭하면 연락처 선택 대화 상자가 표시됩니다. 여기서 메일 배포 대상자를 선택한 후 배포 목록 이름(라벨)을 하나 만듭니다. 예를 들어 동문 목록이라면 라벨 이름을 '동문'이라 지정하면 됩니다.

```
라벨 만들기

동문


                           취소    저장
```

→   연락처에 라벨 지정

이렇게 설정하고 나서 나중에 다시 '동문'을 대상으로 메일을 보낼 때는 받는 사람에 '동문'만 입력해도 자동으로 연락처에 등록된 '동문' 모두에게 메일이 전달됩니다.

기업용 Google Workspace 사용자는 이 방법 외에도 Google Workspace에서 제공하는 **구글 그룹스** 기능을 활용하여 원하는 그룹을 만들어 사용할 수도 있습니다.

다른 계정으로 이메일 보내기

개인용 Gmail 또는 Google Workspace Gmail 사용자는 이메일 전송 시 본인의 계정 외에도 다른 계정(사용하는 다른 이메일 주소로, Gmail과 다른 메일 계정 모두 가능)으로 보낼 수 있습니다. 이 기능을 활용하면 Gmail에서 여러 개의 계정을 관리할 수 있습니다. 단, 이메일 계정이 이미 보조 이메일 주소에 연결되었을 때만 사용할 수 있다는 점에 유의하기 바랍니다.

예를 들어 다음 그림에서 개인 Gmail 계정은 hsikchoi@gmail.com이지만 보낸 사람의 주소는 회사 계정(charly.choi@sbctech.net)으로 지정할 수 있습니다.

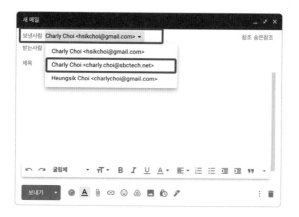

→ 보낸 사람에 다른 주소 지정

지정할 주소는 다음과 같이 환경 설정의 계정 탭에서 다른 주소에서 메일 보내기: 항목에 미리 등록해 두어야 합니다.

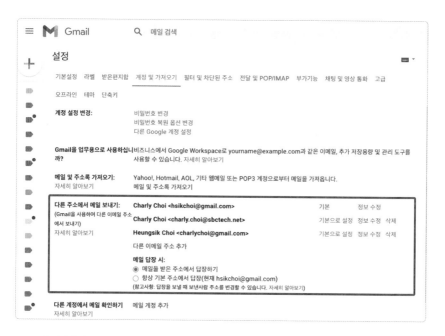

→ 보낸 사람에 사용할 주소 등록

이 옵션을 사용하려면 다른 이메일 업체에서 인증된 SMTP를 지원해야 합니다. Google에서는 기본적으로 TLS를 사용하며 사용자가 설정한 경우 SSL을 사용합니다. POP 또는 IMAP을 지원하는 이메일 서비스 중 대다수는 인증된 SMTP 지원하며 SMTP 서버 구성에 대한 안내는 대개 POP 또는 IMAP 관련 정보와 함께 제공됩니다. 참고로 새로운 버전의 맞춤 보낸 사람: 기능은 현재 Yahoo! Mail Plus 계정에서는 작동하지 않습니다.

Google에서 호스팅하는 주소(Google Workspace 계정 또는 @gmail.com 주소)를 추가할 때 메일이 스팸으로 표시되는 것을 방지하고자 이메일 헤더의 보낸 사람 입력란에 원래 주소가 계속 포함됩니다. 대부분의 이메일 클라이언트는 보낸 사람 입력란을 표시하지 않지만 Microsoft Outlook 일부 버전은 '보낸 사람: 사용자 이름@gmail.com'이 아닌 '맞춤 설정 주소@도메인.com 대신 보냄'을 표시합니다.

보내기 취소

메일을 전송한 후 취소할 수 있는 시간은 환경 설정 기본 설정 탭의 보내기 취소: 항목에서 **최대 30초**까지 설정할 수 있습니다.

설정 후에 이메일을 전송하게 되면 화면 오른쪽 아래에 '메일을 보냈습니다. 실행 취소 메일 보기' 창이 표시되며 실행 취소 메뉴는 설정한 전송 취소 가능한 시간만큼(최대 30초)만 나타나며 이 시간이 지나면 자동으로 전송됩니다(주의: Gmail을 실행 중인 브라우저를 새로 고침 하면 남아 있는 시간과 상관없이 전송됩니다).

→ 보내기 취소에 설정한 시간 동안 실행 취소 가능

Gmail에서 자동 응답 메시지 보내기

그동안 Gmail에서 자동 응답하려면 부재중 자동응답 설정을 이용하는 것이
유일한 방법이었습니다(환경 설정 기본 설정 탭의 부재중 자동응답: 항목 참고). 이
방법은 부재중 자동응답 켜기 항목을 선택했을 때만 자동 응답합니다.

→ 부재중 자동 응답 설정

Gmail에서 부재중이 아닌 상태에서도 원하는 조건(예: 수신하는 메일의 제목, 수신자 메일 주소, 송신자 메일 주소 등)에 따라서 선별적으로 원하는 자동 응답 메시지를 보내는 방법이 있습니다. 바로 Gmail에서 제공하는 고급 기능 중 **템플릿** 기능과 **필터** 설정에서 템플릿 보내기 기능을 활용하는 방법입니다.

① 환경 설정 고급 탭에서 템플릿 항목을 사용으로 설정합니다('2.3 편지 보내기'의 '템플릿(미리 준비된 답변)' 항목 참고).

② 템플릿을 만들고 저장합니다.

Gmail의 템플릿 기능을 이용하여 자동 응답 메시지를 미리 만들어 템플릿으로 저장합니다.

③ 설정에서 필터 및 차단된 주소 탭에서 아래의 새 필터 만들기 버튼을 클릭합니다.

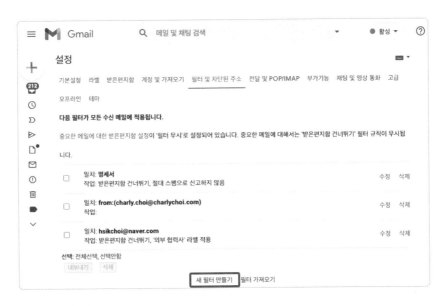

→ 새 필터 만들기

④ 메일 및 채팅 검색 대화 상자에서 필터 조건을 입력하고 <필터 만들기> 버튼을 클릭합니다. 여기서는 보낸 사람을 지정하여 해당 주소에서 메일을 수신하면 자동 응답 메시지를 보냅니다.

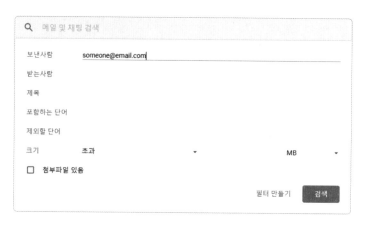

→ 자동 응답 대상 메일 주소 입력

⑤ 템플릿 보내기를 선택하고 자동 응답에 사용할 메일 템플릿을 선택합니다.

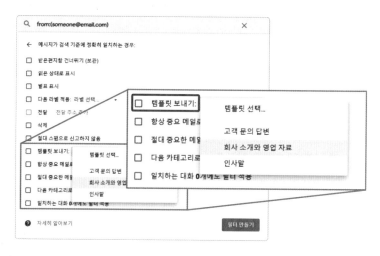

→ 자동 응답을 위한 필터 만들기와 템플릿 선택

이메일 사용자가 수신한 자동 응답 메시지에서 자동 응답자의 이메일 주소에는 'someone+canned.response@'와 같은 별칭이 포함되어 수신됩니다.

이 방법을 이용하면 다양한 조건에 따라 자동 응답 메시지(템플릿 답변 활용)를 만들고 보낼 수 있습니다.

예약 전송하기

Gmail에서도 **예약 전송 기능**이 기본으로 제공됩니다. <보내기> 버튼 오른쪽 ▼를 눌러 나타나는 보내기 예약 메뉴에서 예약 전송을 설정할 수 있습니다.

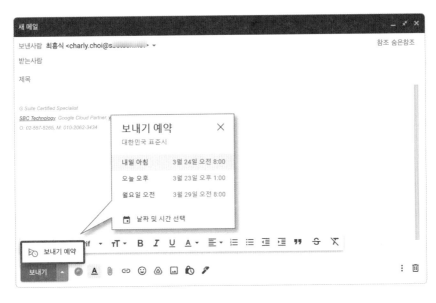

→ 메일 예약 전송

예약 전송 일자를 지정하면 로그아웃하거나 브라우저를 닫아도 예약 시간에 메일을 전송합니다.

복수 서명 사용하기

Gmail에서는 여러 개의 계정으로 메일을 보낼 수 있습니다. 한 개의 계정만 사용한다면 이메일 본문 안에 삽입할 수 있는 서명은 한 개만 지정해 사용할 수 있으나 여러 개의 계정을 사용해서 이메일을 보낼 때는 계정별로 용도에 따라 여러 개의 서명을 사용할 수 있습니다.

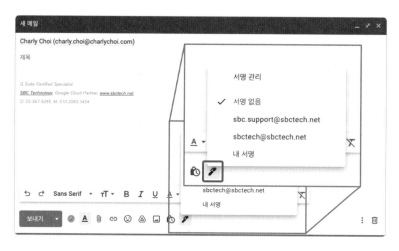

→ 여러 개의 서명 중 하나를 선택할 수 있음

환경 설정 기본 설정 탭의 서명: 항목에서 여러 개의 서명을 만들어 놓을 수 있습니다. 그리고 이메일 작성 시 선택해서 사용하면 됩니다.

→ 서명 만들기

템플릿(미리 준비한 답변)

메일을 보낼 때 다음과 같이 똑같은 내용을 반복해서 작성해야 할 때가 있습니다.

- 회사소개와 영업 자료
- 고객 문의에 대한 답변
- 개인 서명과 회사 서명을 분리하고, 회사 메일로 보낼 때는 회사 서명과 로고 삽입

이처럼 메일을 보낼 때마다 본문 내용을 작성하거나 다른 문서에서 복사하여 붙이기 하는 작업은 시간 소모성 작업으로 업무 효율을 떨어뜨립니다. Gmail에서는 반복적으로 같은 내용을 보낼 때 사용할 미리 준비한 답변(템플릿)을 만들어 놓을 수 있습니다.

메일 본문에 반복해서 사용하는 내용이 있다면 템플릿 기능을 이용하여 본문 내용과 제목을 등록 후 필요할 때 선택하여 반복 사용할 수 있습니다.

다만, 템플릿은 기본 기능은 아니므로 설정 아이콘(⚙)을 누른 다음 <모든 설정 보기> → 고급 탭에서 **템플릿** 항목을 **사용**으로 설정해야 합니다.

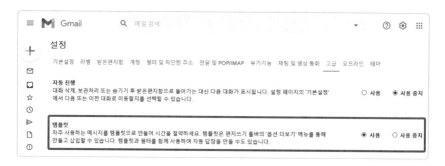

→ 템플릿 사용 설정

메일을 작성할 때 템플릿을 사용하려면 새 메일 창 오른쪽 아래의 옵션 더 보기 아이콘(⋮)을 클릭하고 템플릿 메뉴를 선택하여 템플릿을 새로 만들거나 사용할 템플릿을 선택합니다.

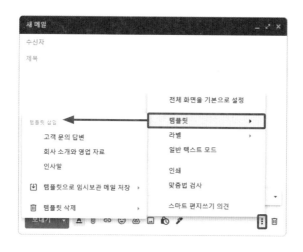

→ 메일 작성 시 템플릿 사용

기록을 위한 Gmail 태깅(별칭) 활용하기

기록의 핵심은 **시간 흐름에 대한 기록**입니다. 일기를 쓰든 회의록을 작성하든 협력 업체와 자료를 주고받든 문서를 생성하든 디지털 문서의 진본 확인할 때도 가장 중요한 것은 생성된 시간입니다. 디지털 자료 중에 법적인 증거 자료로 효력을 발휘할 수 있는 것 중에는 이메일 내용이 있다고 합니다. 이유는 주고받을 때 기록되는 **시간(타임스탬프)** 정보는 수정 불가능한 것으로 인정하므로 시점을 확인할 수 있는 중요한 시간 정보를 갖고 있기 때문일 것입니다.

글로벌 비즈니스를 하는 기업은 고가의 비용을 내면서 기업용 이메일 아카이빙 솔루션(소위 'eDiscovery 솔루션'이라는 이름으로 알려짐)을 도입하는 경우가 있습니다. 이 솔루션은 직원이 주고받은 모든 이메일 기록을 별도로 저장하여 내용 검색할 수 있게 합니다.

이런 상황을 볼 때 이메일은 상호 커뮤니케이션 용도뿐만 아니라 과거 기록을 보관하는 도구로도 활용할 수 있습니다. 기록에서 무엇보다도 중요한 것은 기록된 시간인데, 이메일에는 수정 불가능한 시간 정보(타임 스탬프)가 있습니다. 그러므로 기록하는 데 Gmail만큼 유용한 도구는 없을 것입니다.

따라서 이메일을 주고받은 용도 외에도 각종 기록(일지, 일기, 아이디어, 읽은 책 기록, 회의록, 영수증 첨부, 스캐닝한 종이 문서, 첨부 문서 등)을 저장하는 용도로 활용할 수 있습니다.

구글의 제품 개발 부사장이었던 조너선 로젠버그는 본인의 여권, 건강보험증 등을 스캐닝해서 본인 이메일로 보내 Gmail 안에 저장한다고 합니다. 이렇게 하면 언제 어디서나 장치에 상관없이 검색할 수 있으므로 기록과 저장을 위해 Gmail을 사용한다고 합니다.

여기서는 먼저 Gmail을 활용한 기록과 자동 분류, 태깅, 검색 방법을 소개합니다. 즉, 기록 관리를 위해서 본인의 Gmail 주소로 모든 내용(기록을 원하는 모든 데이터)을 보내는 것입니다. 이때 Gmail의 다양한 기능을 활용하면 '태깅', '자동 분류', '라벨링', '검색', '자동 전달', '첨부 문서 드라이브에 저장' 등이 가능해집니다.

이메일 주소를 이용하여 '태깅'하는 방법

필자는 메모용 앱으로 **Google Keep**을 주로 사용합니다. 그때그때의 기록(아이디어 메모, 일기, 일지, 간단한 고객 상담 메모)을 합니다. 메모한 내용은 나중에 장기 보관(수정 불가한 시점 확인 타임스탬프 붙이기)을 위해서 필자의 이메일로 보냅니다.

이때 기록을 위한 용도라면 자신에게 이메일을 보낼 때 hsikchoi+기록@gmail.com 형식으로 보냅니다. 받는 사람 이메일 주소에 'hsikchoi+기록@gmail.com' 형식으로 메일을 보내도 이메일 시스템은 + 이후의 문자는 모두 무시하여 전송하며 수신된 이메일은 'hsikchoi+기록@'으로 표시됩니다.

→ 기록용으로 자신에게 보낸 이메일

스마트폰에서 종이 영수증을 캡처한 후 이를 본인 이메일 주소로 보낼 수도 있습니다(예: hsikchoi+영수증@gmail.com). 그런 다음 Gmail 안에서 검색할 때는 'To:영수증'으로 검색하면 '+영수증'으로 태그된 모든 이메일을 쉽게 검색할 수 있습니다.

태그한 이메일을 자동으로 분류하여 라벨링하는 방법

Gmail은 **라벨** 기능과 **필터** 기능을 통해서 수신되는 모든 메일을 자동 분류하여 원하는 라벨을 색깔별로 구별할 수 있습니다. 즉, 'hsikchoi+아이디어@gmail.com'로 수신한 이메일은 '아이디어' 라벨을 자동으로 부여하여 저장할 수 있습니다.

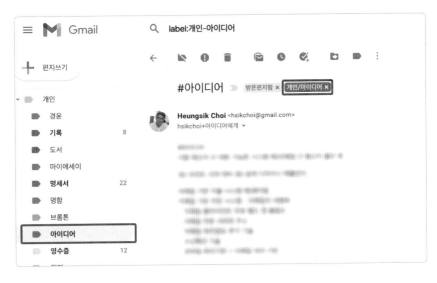

→ 태그한 이메일에 자동 라벨 적용

라벨 검색과 태그 검색

검색창에서 'label:아이디어'와 같이 라벨별로 검색할 수 있습니다. 그리고 받는 사람 주소에 +로 태그한 이메일은 검색창에서 'To:아이디어'와 같이 검색할 수 있습니다.

요점 정리

기록을 위한 도구로 Gmail을 활용해야 하는 이유는 이메일의 시점 확인 기록 (타임스탬프)에 대한 효력 때문입니다. 기록한 시간을 나중에 마음대로 수정할 수 있는 도구는 기록용 저장 도구로 적합하지 않습니다. Gmail에서는 라벨, 태그, 필터 등을 활용하여 수신된 이메일을 쉽게 관리할 수 있습니다.

기록용 도구는 무엇을 사용하여도 무방합니다. 다만, 저장을 위한 용도로는 Gmail 활용을 추천합니다 Gmail만큼 장소, 시간, 장치에 상관없이 이메일을 쉽게 보내고 저장하고 검색할 수 있는 시스템은 많지 않을 것입니다. 즉, 모든 기록은 Gmail이면 충분합니다.

할 일 목록 활용하기

수신된 중요한 이메일이 있습니다. 바로 답장을 보내지 못하고 나중에 보내야 할 경우 해당 이메일을 할 일 목록(Tasks)에 추가하여 별도로 할 일을 관리할 수 있습니다.

내 할 일 목록에 추가한 항목은 완료 예정일을 지정하여 별도로 관리할 수도 있습니다. 받은 이메일을 선택해서 마우스 오른쪽 버튼을 클릭하여 Tasks 에 추가를 선택하면 내 할 일 목록에 등록됩니다. 내 할 일 목록에 등록된 것에는 완료 예정일을 지정할 수 있으며 이 예정일은 캘린더에 등록되므로 일정 관리의 대상이 됩니다.

→ 이메일을 내 할 일 목록에 등록

비밀 모드 활용하기

특별히 보안을 요구하는 이메일을 주고받을 경우가 있습니다. 이메일을 보내고 받는 중간에 누군가가 감청을 시도할 수 있습니다. 이렇게 되면 수신한 중요한 이메일을 타인이 읽거나 타인에게 전달될 수 있습니다.

Gmail의 **비밀 모드**(Confidential Mode)는 보안을 요구하는 이메일을 전송할 때 사용합니다. 이메일에 유효 기간을 지정하여 보낼 수 있으며 유효 기간이 끝나면 해당 이메일은 받은 편지함에서 자동 삭제됩니다. 유효 기간 동안에는 해당 이메일 내용을 다른 사람에게 전달할 수 없으며(전달은 가능하나 본문 내용은 볼 수 없음) 이메일 본문을 내려받거나 복사, 프린트할 수도 없습니다. 따라서 보안을 요구하는 중요한 이메일을 보내고자 할 경우는 Gmail 비밀 모드로 전송하면 됩니다.

① 새 메일 작성 화면 오른쪽 아래에 비밀 모드 설정 아이콘(🔏)이 있습니다.

→ 비밀 모드 사용 또는 사용 중지 아이콘

② 이메일 전송 시 비밀 모드 설정으로 보낼 때 설정 옵션입니다.

→ 비밀 모드 설정 옵션

만료일 설정 항목은 1일 후에 만료됨, 1주일 후에 만료됨, 1달 후에 만료됨, 3달 후에 만료됨, 5년 후에 만료됨 중 하나를 유효 기간으로 지정할 수 있습니다.

비밀번호 필요 항목을 설정하면 Google이 제공하는 일회성 암호를 이용해야 이메일 본문 내용을 볼 수 있습니다. 이때 이 암호를 수신자에게 SMS로 보낼 수 있습니다. SMS 비밀번호를 선택했다면 이메일 전송 시 수신자의 휴대전화 번호를 입력해야 합니다.

비밀 모드로 전송한 메일은 다음과 같이 '콘텐츠가 2021. 2. 15에 만료됩니다.'라는 메시지가 표시됩니다.

→ 비밀 모드 적용 메시지

SMS 비밀번호 사용 안 함

수신자가 Gmail을 사용하지 않으면 비밀번호가 이메일로 전송됩니다. Gmail 사용자는 비밀번호 없이 본문 내용을 읽을 수 있습니다.

→ 비밀번호 입력 화면

SMS 비밀번호

수신자에게 SMS 문자 메시지로 일회용 비밀 번호가 전송됩니다.

③ 비밀 모드로 수신된 메시지는 다른 사람에게 재전송, 프린트, 복사하거나 내려받을 수 없습니다.

④ 비밀 모드로 이메일을 보낼 때는 구글 드라이브에서 미리 보기가 가능한 파일 형식만 첨부할 수 있습니다.

비밀 모드 메시지는 본문 내용을 내려받거나 프린트할 수 없으므로 첨부 파일도 내려받을 수 없고 미리 보기만 가능합니다. 따라서 구글 드라이브에서 미리 보기를 지원하지 않는 형식은 첨부 파일 전송 시 '지원되지 않는 파일'이라는 경고 메시지가 나타납니다. 지원하지 않는 파일을 첨부하고자 할 때는 비밀 모드를 사용하지 않아야 전송할 수 있습니다.

지원되지 않는 파일

첨부파일 다운로드가 지원되지 않아 수신자가 다음 파일을 보거나 다운로드할 수 없습니다. 첨부파일을 삭제하거나 비밀 모드를 사용 중지하세요.

게으름도_습관이다-epub.acsm

취소   비밀 모드 사용 안함

→ 비밀 모드로 보낼 수 없는
파일을 첨부했을 때

이메일 위임 활용하기

Gmail에서 **이메일 위임 기능**이 필요한 이유는 몇 가지 있습니다.

- 개인 Gmail 계정을 여러 개 사용할 때 다른 계정으로 로그인 없이 메일 보내고 받을 때
- 회사 임원이 비서에게 임원의 Gmail 계정 로그인 정보(로그인 암호 포함)를 공개하지 않고 대신 메일을 보내고 받아야 할 때
- 중요한 영업직 사원이 병원에 입원하여 메일을 확인할 수 없을 때 다른 사람에게 위임하여 대신 메일을 보내고 받아야 할 때
- 피치 못할 사정으로 직접 메일을 보내거나 받지 못할 때 배우자나 다른 사람에게 위임하여 관리하도록 해야 할 때

이와 같은 경우에 내 이메일 관리를 대리인에게 위임할 수 있습니다. 그러나 본인의 이메일 로그인 정보(암호 포함)를 위임자에게 알려야 한다는 문제가 있습니다.

Gmail에서는 이메일 위임 기능을 통해서 대리인에게 암호를 알리지 않고도 위임자가 이메일을 보내거나 받을 수 있습니다. 위임자는 주소록 링크를 클릭하여 내 연락처에 접근할 수 있으며 편지를 쓸 때 받는 사람, 참조 또는 숨은 참조 링크를 클릭하여 내 연락처를 불러올 수도 있습니다.

위임자는 최대 10명의 사용자를 대리인으로 지정할 수 있으며 Google Workspace, Google Workspace for Education 사용자는 최대 25명까지 대리인을 지정할 수 있습니다.

예를 들어 개인 Gmail 계정을 두 개 사용한다면(예: hsikchoi@gmail.com, charlychoi@gmail.com) hsikchoi@gmail.com로 로그인 후 위임받은 계정 charlychoi@gmail.com으로 메일을 관리하고자 할 때 정상적으로 위임 설정이

완료되었다면 다음 그림처럼 '위임된 계정'이라 표시됩니다(위임자: hsikchoi@gmail.com, 피위임자: charlychoi@gmal.com).

→ 이메일 위임하기

내 계정을 대리인에게 위임하는 방법 ✽

① 설정 아이콘(⚙)을 누른 다음 <모든 설정 보기> 버튼을 클릭합니다. 그러고 나서 계정 탭의 계정 사용 권한을 부여할 사용자 목록: 항목에서 피위임자의 계정을 추가(다른 계정 추가)합니다. 이때 Google Workspace 사용자는 같은 도메인 내의 피위임자만 추가할 수 있으며 개인 Gmail은 기업용 도메인 계정을 피위임자로 지정할 수 없습니다.

→ 피위임자 계정 추가

② 피위임자는 다음과 같은 위임 수락 여부 메시지를 받게 됩니다. 이를 수락하면 비로소 이메일 피위임자가 됩니다.

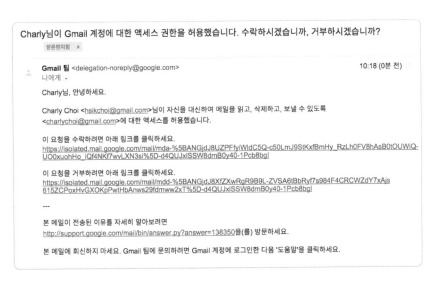

→ 위임 수락 여부 확인 이메일

③ 위임자는 언제든 피위임자 계정을 삭제할 수 있습니다.

Gmail 환경 설정 계정 탭의 계정 사용 권한을 부여할 사용자 목록: 항목에서 계정 사용 권한을 부여한 사용자를 삭제하면 됩니다.

④ 위임 설정이 모두 정상 완료되면 피위임자의 계정 정보가 내 계정에 '위임된 계정'으로 표시됩니다.

피위임자(charlychoi@gmail.com)가 위임자(hsikchoi@gmail.com)를 대신해서 이메일을 보냈을 때 이메일을 수신한 사람의 메일 상세 정보를 보면 '보낸 사람'이 두 명인데, 두 번째가 위임자의 이메일 주소입니다.

Gmail 메일 위임 설정
유튜브 동영상(영문)

https://www.youtube.com/
watch?v=uE747WEanoY

→ 피위임자가 위임자 대신 보낸 이메일

제3장

구글 채팅

구글 채팅은 실시간 커뮤니케이션 협업 도구의 대표적인 플랫폼입니다. 그동안 G Suite에서 제공했던 행아웃 채팅이 구글 채팅으로 바뀌면서 업그레이드 된 것입니다.

구글 채팅으로 명칭이 바뀌기 전까지는 G Suite에서는 **클래식 행아웃**(기본 행아웃)과 **행아웃 채팅** 등 두 개의 실시간 커뮤니케이션 도구가 공존했습니다. Google Workspace에서 구글 채팅은 Gmail에 통합된 서비스와 단독 서비스(chat.google.com) 형태로 제공됩니다.

3.1 Gmail에 통합된 채팅

구글 채팅으로 명칭이 바뀌면서 몇 가지 중요한 기능이 업그레이드되었습니다.

Gmail과 채팅 통합

Google Workspace의 Gmail에 구글 채팅이 통합되었습니다.

→ Gmail과 채팅 통합

외부 도메인 사용자와 대화 가능

외부 도메인 사용자(개인 Gmail, 다른 도메인의 Google Workspace 또는 Google Workspace for Education)와 대화가 가능해졌습니다(단, Google Workspace Business Starter 버전은 제외).

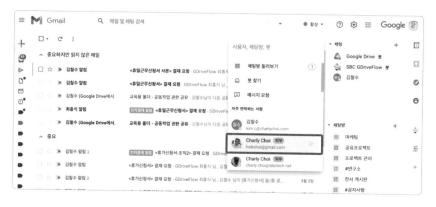

→ 외부 도메인 사용자와의 대화

새로운 채팅 앱

구글 채팅을 더 간단하고 효율적으로 사용하려면 크롬 브라우저에서 새로운 독립형 구글 채팅 앱을 사용하는 것이 좋습니다. 독립형 앱은 설치형 네이티브 앱과 똑같은 환경을 제공하는 **PWA**(Progressive Web Application) 방식으로 개발되었습니다.

PWA 방식은 설치형 앱과 웹의 장점을 합친 것으로, 더 빠르고 안전한 환경과 더 나은 성능과 안정성을 제공합니다. PWA는 자동으로 업데이트되므로 크롬 브라우저만 항상 최신 상태로 업데이트하면 됩니다.*

Electron 기반 Google Chat 앱을 프로그레시브 웹 앱으로 업데이트하기

https://support.google.com/chat/answer/10194711?hl=ko

→ 새로워진 구글 채팅

Google Workspace 안에서 채팅을 사용하는 방법에는 두 가지가 있으며 사용하는 방법에 따라서 기능에 차이가 있습니다. 이 차이점을 이해한다면 협업 시 파일 관리나 할 일 관리를 효율적으로 할 수 있습니다.

첫 번째 방법은 Gmail 메인 화면에서 채팅을 이용하는 것입니다.

→ Gmail 메인 화면에서 채팅 이용

두 번째 방법은 브라우저 주소창에서 mail.google.com/chat으로 접속하거나 Gmail 오른쪽 위 Google 앱 메뉴(⋮⋮⋮)에서 채팅을 이용하는 것입니다. 즉, 독립적으로 구글 채팅 앱을 이용할 수 있습니다.

→ Google 앱 메뉴에서 채팅 이용

이전 G Suite 서비스에서는 구글 채팅이 독립적인 서비스로만 제공되었습니다. 이 채팅 기능이 Google Workspace의 Gmail 메인 서비스에 통합되면서 몇 가지 중요한 기능이 추가되었습니다.

채팅방에서 파일 관리하기

협업 멤버와 공유하는 파일을 효율적으로 관리하는 것은 매우 중요합니다. 채팅방에서 공유하는 모든 파일을 관리할 수 있는 기능을 제공합니다.

→ 채팅방에서 파일 관리

채팅방에서 할 일 관리하기

각 채팅방에서 멤버의 일정을 관리할 수 있습니다. 즉, 할 일 목록을 등록하고 멤버에게 할 일 일정을 정하여 담당자를 할당할 수 있습니다.

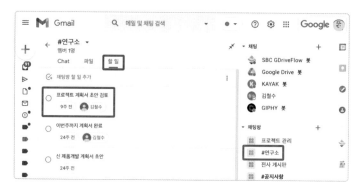

→ 채팅방에서 할 일 관리

채팅방에서 구글 문서 열기

채팅방에 업로드한 구글 문서를 직접 열고 편집할 수 있습니다. 즉, Gmail 메인 화면을 벗어나지 않고도 한 화면에서 협업자와 공동 편집 작업을 할 수 있게 되었습니다.

→ 채팅방에서 문서 공유

빠른 액세스 측면 패널(사이드바) 추가

캘린더, Keep (메모), Tasks (할 일 관리) 앱에 빠르게 접근할 수 있도록 **사이드바 기능**을 제공합니다.

검색창을 이용한 내용 검색

상단의 검색창을 사용하여 모든 회의실의 콘텐츠와 1대1 대화 메시지를 찾을 수 있습니다. Gmail 검색 창에서 검색 키워드를 입력한 후 채팅 및 회의실을 선택하여 검색하면 됩니다.

→ 대화 메시지 검색

채팅과 채팅방

왼쪽 탐색 표시 줄의 채팅과 채팅방 섹션은 고정 영역이므로 각 섹션 내에서 쉽게 스크롤 할 수 있습니다. 물론 원하는 대로 각 섹션의 높이를 조정할 수도 있습니다.

화면과 팝업 간 전환

채팅방 오른쪽 위 전체 화면 종료 아이콘(✖)을 이용하여 대화방과 DM 모두에 대해 전체 화면 보기와 팝업 보기 사이를 전환하는 기능으로, 대화 중에도 파일이나 할 일을 확인하는 등 더 쉽게 다중 작업을 수행할 수 있습니다.

Google Meet와 통합

구글 Meet와 통합되어 채팅에서 직접 통화에 참여하거나 시작할 수 있습니다. 이제 chat.google.com이 mail.google.com/chat으로 리다이렉션됩니다. 따라서 계속 chat.google.com을 사용하여 채팅에 접속할 수 있습니다.

3.2 협업 시 실시간 채팅이 중요한 이유

구글 채팅은 Google Workspace 업무용 핵심 서비스에 포함된 **통합형 실시간 커뮤니케이션 협업 도구**입니다.

협업 솔루션은 많습니다. 그러나 하나의 계정으로 한곳에서 이메일, 실시간 채팅, 화상 회의, 문서 공동 편집 작업, 문서 관리, 일정 관리를 할 수 있는 통합형 협업 솔루션은 많지 않습니다. 이런 면에서 구글 채팅은 진정한 통합형 협업 솔루션이라 할 수 있습니다.

구글 채팅은 1대1 대화, 그룹 대화에 이르기까지 개인 또는 팀이 쉽고 효율적으로 협업할 수 있도록 설계되었습니다. 가상의 공동 작업 공간을 생성하여 프로젝트 진행 과정을 통합 관리할 수 있고 멤버를 초대하여 프로젝트 진행 상황을 추적하고 모든 작업을 기록할 수 있습니다.

팀 또는 그룹 공동 작업에서 속도와 가시성은 매우 중요합니다. 문서 공유에 대한 접근 권한을 부여하는 데 많은 시간을 할애할 필요가 없습니다. Google Workspace 사용자를 채팅 멤버로 추가한 후 채팅방의 대화 목록에 구글 드라이브의 파일을 추가하는 것만으로도 채팅에 참여하는 모든 멤버에게 접근 권한을 자동으로 부여할 수 있습니다.

구글 채팅에서 할 수 있는 작업에는 다음과 같은 것이 있습니다.

사용자 관리와 통제

Google Workspace 계정으로 사용자를 관리하거나 통제할 수 있습니다. 구글 드라이브에 파일을 올리고 구글 문서(문서, 스프레드 시트, 프레젠테이션)로 공동 편집 작업을 할 수 있습니다.

화상 회의 생성과 참여

채팅 창에서 직접 화상 회의를 생성하고 참여할 수 있습니다. 채팅방에서 파일과 할 일을 관리할 수 있습니다. Google의 강력한 검색 기능을 사용해서 채팅방 구성원, 과거 대화나 공유된 파일을 쉽게 찾을 수 있습니다.

챗봇을 이용한 업무 효율 향상

지능형 **챗봇**을 사용해서 업무 효율을 높일 수 있습니다. 챗봇 마켓플레이스에서 다양한 서드파티 챗봇 앱을 검색하고 필요한 챗봇을 설치할 수 있습니다. 이와 함께 챗봇 API를 이용하여 업무에 필요한 챗봇 앱을 직접 개발할 수도 있습니다.

원격 동료와의 공동 작업 지원

원격에서 일하는 동료와 공동 작업을 지원합니다. 가상 채팅방은 최대 8,000명의 멤버를 지원하며 iOS나 안드로이드용 Gmail 앱에 통합되어 있습니다. 또한, 모든 채팅 기록은 **관리자 문서함**(Vault)에 자동으로 저장됩니다.

1대1 채팅하기

도메인 내부/외부 사용자 대상으로 채팅을 할 수 있으며 채팅할 사용자를 찾아서 추가하기만 하면 됩니다. 이 기능은 이전의 기본 행아웃에서 제공한 기능과 같습니다.

채팅 시 텍스트 메시지 전송 외에도 로컬 파일 전송, 구글 드라이브 파일 전송, 구글 Meet, 이모티콘 전송 등이

→ 대화 중 화상 회의 참여

가능합니다. 그리고 대화 중 화상 회의나 화면도 바로 공유할 수 있습니다. 화상 회의 추가 버튼(💬)을 누르고 ▷ 버튼으로 메시지를 보내면 화상 회의를 만들고 참여할 수 있습니다.

1대N 그룹 대화

회사 내부 여러 명의 사용자와 그룹 대화를 할 수 있습니다. 이 그룹 대화에서는 내부 사용자 대상으로만 대화가 가능합니다. 외부 도메인 사용자와 그룹 대화를 해야 할 때는 채팅방을 생성한 후 외부 사용자를 초대하여 사용하면 됩니다.

→ 내부 사용자와 그룹 대화

채팅방 만들기

구글 채팅에서 가장 중요한 기능의 하나는 **채팅방**(2021년 하반기에 채팅방 명칭이 'SPACES'로 변경 될 예정)입니다. 이는 협업 멤버를 위한 가상 작업 공간입니다. 채팅방의 멤버로 도메인 내부 또는 외부 사용자를 추가할 수 있으며 파일 관리, 할 일 관리, 문서 공유와 편집, 기록을 할 수 있습니다.

이때 채팅방 멤버로 구글 그룹을 추가할 수도 있습니다. 예를 들어 멤버로 **구글 그룹스 메일**(예: marketing@mycompany.com)을 추가하면 구글 그룹스 멤버에게 자동으로 초대 메일이 전송됩니다. 초대된 사용자는 반드시 이메일 본문에서 <구글 채팅에서 열기> 버튼을 클릭해야만 해당 채팅방 멤버로 참여할 수 있습니다. 구글 그룹스로 초대되면 사용자는 참여를 결정하기 전에 미리보기 기능을 통해서 채팅방의 대화를 미리 확인해 볼 수 있습니다. 단, 미리보기에서 메시지를 읽을 수는 있지만, 토론에 참여하거나 알림을 받을 수는 없습니다.

채팅방에서 화상 회의 참여하기

채팅방에서 대화 중에 즉시 화상 회의나 화면을 공유할 수 있습니다.

채팅방에서 문서 공유하기

구글 드라이브 문서를 공유할 수 있습니다. 채팅방에서 공유하는 문서는 채팅방 멤버에게 자동으로 권한 부여가 되므로 협업 멤버를 일일이 지정하여 권한을 부여하는 시간을 줄여줍니다. 이는 채팅방에서 매우 유용하게 사용되는 기능 중 하나입니다. 아울러 공유한 문서나 파일은 채팅방의 파일 탭에서 일괄 관리할 수 있습니다.

→ 채팅방에서 문서 공유하기

공유할 파일을 보내기 전에 다음과 같이 채팅 참여자와의 공유 수준을 선택할 수도 있습니다.

→ 공유할 문서의 공유 수준 설정

대화 주제별 대화 목록 만들기

채팅방에서는 주제별로 새로운 대화 목록을 만들 수 있습니다. 채팅 기록은 대화별로 기록이 유지됩니다. 대화별로 알림을 설정(팔로)할 수 있으며 각 대화에서 **@멘션**으로 사용자를 지정하면 해당 사용자에게 알림이 전송됩니다(예: @Park).

→ 새 대화 목록 만들기

채팅방 초대 승낙 전 미리 보기

새 대화는 페이지의 맨 아래에 나타납니다. 읽지 않은 모든 대화를 확인할 수 있으며 채팅방에 초대된 경우 방에 들어가기 전에 이전의 전체 대화 목록을 미리 볼 수 있습니다(단, 초대를 승낙하기 전까지는 미리 보기는 가능하나 대화에는 참여할 수 없음).

→ 초대받은 채팅방 둘러보기

쉬운 검색

1대1, 1대N 채팅 등 모든 대화는 쉽게 검색할 수 있습니다. 파일 유형이나 사람별로 검색을 필터링할 수도 있습니다. 그룹 채팅 텍스트 내용 검색, 나를 @멘션한 내용 검색, 기타 문서 형식별로 검색할 수도 있습니다.

→ 채팅 검색

알림 끄기

구글 채팅은 알림에 대한 중요한 관리 기능을 제공합니다. 중요한 토론을 놓치지 않도록 대화에 대한 모든 알림을 수신하도록 선택할 수 있습니다. 또는 대화를 줄이고 자신이 언급될 때만 알림을 받을 수 있습니다. 더는 새 항목에 대한 알림을 받지 않으려면 Gmail 대화형 메일(연관 메일)에서 숨기기 하는 것과 같이 대화를 무시(알림 끄기)할 수 있습니다.

채팅방 멤버로 구글 그룹스 활용

구글 채팅은 구글 그룹스와 긴밀하게 통합되어 있습니다. 채팅방의 멤버 관리는 시간 소모성 작업일 수 있습니다. 예들 들면, 영업부 채팅방 멤버가 다른 부서로 이동할 경우, 전사 직원용 채팅방에 신입 사원이 입사할 때나 반대로 멤버가 퇴사를 할 때는 공유 드라이브로 공유한 각종 문서나 파일 관리 접근 권한을 변경해야 합니다. 이러한 작업에는 많은 시간이 필요합니다. 구글 그룹스 활용에 대한 자세한 내용은 '**8.1 이메일 목록 만들기**'를 참고하기 바랍니다.

지능형 챗봇 활용하기

구글 채팅에는 지능형 챗봇을 위한 플랫폼을 제공합니다. 챗봇 마켓에서 대략 100종 이상의 유용한 챗봇을 검색하여 사용할 수 있습니다. 또한, 챗봇 API를 이용해서 자체 챗봇 앱을 개발할 수도 있습니다(**부록 A3 'Google Workspace 기반 전자결재 솔루션'**에서 'GDriveFlow 챗봇 활용하기' 참고).

채팅방과 그룹 대화 비교

채팅방 또는 그룹 대화를 이용하여 두 명 이상의 사용자와 채팅할 수 있습니다. 어떤 기능을 사용할지 결정하는 데 도움이 되고자 표로 그룹 대화와 채팅방의 차이를 정리했습니다.

표 그룹 대화와 채팅방의 차이

	그룹 대화	채팅방
채팅 대상 사용자	채팅이 시작되면 사용자를 추가 또는 삭제할 수 없음	언제든지 사용자를 추가하고 삭제할 수 있음
대화	비대화 목록 형식의 단일 대화	대화 목록 형식의 다중 대화
메시지 기록	메시지 기록을 사용 중지(메시지가 24시간 후 삭제됨) 또는 사용(조직의 보존 정책에 따라)할 수 있으며 관리자의 설정이 적용됨	메시지 기록이 사용 설정되며 메시지는 조직의 정책에 따라 보관됨
이름	참여자의 이름 목록(예: '민수, 소영, 민정')	채팅방 개설자가 정한 이름(예: '마케팅 회의')
알림	메시지마다 사용자에게 알림이 전송됨	참여한 대화 또는 @멘션된 경우에 알림이 전송됨
나가기	나갈 수 없지만, 사이드바에서 채팅을 숨길 수 있음	사용자가 나가고 다시 참여할 수 있음

동일 사용자와 다중 채팅	같은 사용자 그룹이 두 개의 그룹 메시지를 만들 수 없음	같은 사용자 그룹이 두 개 이상의 채 팅방을 만들 수 있음
챗봇	챗봇은 참여할 수 없음	누구나 챗봇을 추가할 수 있음

외부 도메인 사용자와 채팅하기

조직 외부 사용자와 채팅하려면 상대방이 구글 계정이 있어야 합니다. 즉, Google Workspace 사용자이거나 @gmail.com으로 끝나는 무료 개인 Gmail 계정이 있어야 합니다.

외부 사용자가 Google Workspace 사용자라면 해당 사용자 조직의 관리자가 조직의 구글 채팅을 사용하도록 설정해야 합니다. 그렇지 않으면 해당 외부 사용자는 초대를 받지 못하고 채팅방에 참여하거나 채팅 메시지에 답장을 입력할 수 없습니다.

외부 채팅 작동 방식

메시지나 채팅방에 외부 사용자를 추가할 때 개인정보 보호와 서비스 악용 방지를 위해 해당 사용자를 바로 추가하지 않고 먼저 초대만 합니다. 초대된 사용자는 이메일 초대장을 받게 되고 사용자의 채팅 목록과 채팅방 둘러보기 화면에 초대받았다는 메시지가 표시됩니다. 사용자가 원치 않는 메시지를 받으면 발신자를 차단하고 신고할 수 있습니다.

Google Workspace 사용자만 채팅방을 만들거나 메시지를 시작할 수 있습니다. Google Workspace 계정이 없는 외부 사용자는 Google Workspace 사용자가 초대한 메시지와 채팅방에만 참여할 수 있습니다. 아울러 외부 사용자는 채팅 참여자를 추가하거나 채팅방 이름을 바꾸거나 채팅방에 웹훅(webhook)을 추가할 수 없습니다.

참고로 **웹훅**(웹 콜백 또는 HTTP 푸시 API라고도 함)이란 앱이 다른 애플리케이션에 실시간 정보를 제공하는 방법입니다. 웹훅은 발생하는 대로 다른 애플리케이션에 데이터를 전달하므로 데이터를 즉시 가져옵니다. 그러므로 실시간으로 자주 데이터를 가져와야 하는 일반적인 API와 달리 훨씬 효율적인 방법입니다. 단, 초기 설정이 어렵다는 것이 유일한 단점입니다.

제한 사항

아직 채팅을 사용하도록 설정하지 않은 Google Workspace 조직의 사용자는 채팅을 통해 연결할 수 없습니다. 그러나 채팅이 사용 설정된 조직의 외부 사용자에게 메시지를 보낼 수는 있습니다.

기존 채팅방을 외부 채팅방으로 전환할 수 없으므로 외부 채팅방을 만들려면 기존 채팅방을 다시 만들고 외부 사용자를 추가해야 합니다. 또한, 그룹과의 채팅에 외부 사용자를 추가할 수 없으며 1대1 채팅 메시지나 채팅방에서만 외부 사용자와 채팅할 수 있습니다.

메시지에 서식 추가

굵은 글씨나 기울임 등 메시지에 서식을 추가할 수 있습니다.

굵은 글씨

텍스트를 굵게 표시하려면 굵게 표시할 텍스트의 앞뒤에 별표(*)를 추가하세요. 예를 들어 '*화요일*'이라고 입력하면 채팅 창에 '**화요일**'이 굵은 글씨로 표시됩니다.

기울임꼴

텍스트를 기울임 꼴로 표시하려면 기울임 꼴로 표시할 텍스트의 앞뒤에 밑줄(_)을 추가하세요. 예를 들어 '_매주_'라고 입력하면 채팅 창에 '*매주*'가 기울임꼴로 표시됩니다.

취소 선

텍스트에 취소 선을 표시하려면 취소 선을 표시할 텍스트의 앞뒤에 물결 표시(~)를 추가하세요. 예를 들어 '~재고 확인~'이라 입력하면 채팅 창 '~~재고 확인~~'에 취소 선이 추가됩니다.

3.3 기본 행아웃을 구글 채팅으로 이전하는 방법

채팅 기능은 이전 G Suite에서 **행아웃**(기본 행아웃이라고 지칭함)이라는 이름으로 제공했는데, 행아웃은 기본적으로 1대1 채팅과 1대N 채팅 기능(채팅방, 문서 공유, 파일 관리 등의 기능은 제공하지 않음)만을 제공했습니다. 구글은 행아웃을 구글 채팅으로 통합할 예정입니다.

→ 구글 행아웃

이전 G Suite와 현재의 Google Workspace에서는 다음과 같은 설정이 없으면 행아웃이 기본 채팅 앱 상태가 됩니다. 구글 채팅을 기본 채팅 앱으로 사용하려면 Google Workspace 관리자는 다음과 같이 설정해야 합니다. 이때 관리자는 사용자 전체 또는 조직(OU) 단위로 구글 채팅만 사용할 수 있도록 설정할 수 있습니다.

우선 관리 콘솔에 접속한 후 앱 → Google Workspace → Google Chat 및 기본 행아웃 설정의 서비스 설정에서 Chat 및 기본 행아웃 항목의 Chat으로 기본 설정을 선택해야 합니다.

→ 구글 채팅만 사용하도록 설정

이 설정이 완료되면 최대 24시간 안에 모든 사용자 또는 조직의 사용자 Gmail에서 이전 행아웃이 보이던 곳에 구글 채팅 메뉴가 보이게 됩니다.

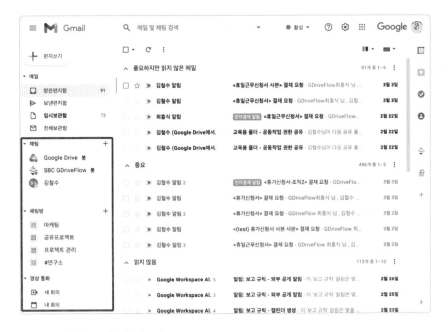

→ 행아웃 대신 구글 채팅 메뉴가 보임

　기본 행아웃에서 구글 채팅으로 이전하기 전에 다음과 같이 알려진 제한 사항이 있으니 참고하시기 바랍니다. 구글 채팅으로 이전하기 전에 관리자와 내부 지원팀이 알려진 제한 사항에 대한 전체 목록을 검토하고 이해했는지 확인해야 합니다. 이때 전체 목록은 모든 제한 사항을 포함하므로 조직에 해당하지 않는 사항도 있을 수 있습니다.

구글 Voice와 SMS 사용 불가

　구글 Voice를 사용한 전화 통화나 SMS는 현재 채팅에서 사용할 수 없습니다. 사용자는 앱 런처를 통해 voice.google.com에서 구글 Voice를 사용하거나 구글 Voice 모바일 앱(Android, iOS)을 내려받아 해당 기능을 사용할 수 있습니다(현재 한국에서는 제공하지 않는 서비스).

기본 행아웃의 그룹 메시지는 채팅으로 이전되지 않음

채팅에 기본 행아웃의 채팅 메시지 기록은 표시되지만 기본 행아웃의 그룹 메시지(메시지 기록 포함)는 채팅으로 이전되지 않습니다. 그러나 사용자는 Gmail에서 계속 채팅 기록을 볼 수 있습니다. 웹의 행아웃 hangouts.google.com에서 기본 행아웃 그룹 대화에 계속 참여할 수 있지만, 모바일 브라우저에 hangouts.google.com을 방문하는 경우에는 대화 참여가 불가능합니다.

기본 행아웃 사용자는 메시지를 받지 못함

채팅에서 시작된 그룹 메시지나 채팅방 메시지는 기본 행아웃을 계속 사용 중인 사용자에게는 전송되지 않으며 그 반대의 경우도 마찬가지입니다.

외부 채팅 시 행아웃 계속 사용 가능

채팅을 아직 사용하도록 설정하지 않은 Google Workspace 조직은 채팅을 통해 연결할 수 없습니다. 따라서 사용자는 조직의 외부 사용자 중 채팅이 사용 설정된 조직의 사용자에게만 메시지를 보낼 수 있습니다. 사용자는 이러한 외부 채팅 시 hangouts.google.com을 계속 사용할 수 있습니다. 빠진 메시지가 있으면 기본 행아웃 봇에서 채팅 사용자에게 알려줍니다.

채팅방 인원 제한

채팅방 인원은 8,000명으로 제한됩니다.

제한 사항에 대한 더 자세한 내용은 다음 웹 페이지를 참고하세요.*

Google Chat의
알려진 제한 사항

https://support.google.com/
a/answer/9296435

동료가 기본 행아웃을 사용한다면 구글 채팅에서 채팅 메시지를 보낼 수 있습니다. 내 채팅 메시지는 채팅에 표시되며 동료의 채팅 메시지는 기본 행아웃에 표시됩니다. 이는 채팅 메시지에만 적용되며 그룹 메시지는 채팅과 기본 행아웃 간에 전송이 이루어지지 않습니다.

기본 행아웃과 마찬가지로 채팅에는 채팅 메시지와 그룹 메시지 기능이 있습니다.

채팅 메시지

기본 행아웃 또는 채팅에서 보낸 채팅 메시지는 둘 중 어느 서비스에서나 읽고 답장할 수 있습니다. 참고로 이 설정은 조직에서 두 서비스를 모두 사용하도록 설정해야 적용됩니다. 다른 조직의 사용자와 채팅하는 경우 해당 사용자의 조직에도 두 서비스를 모두 사용하도록 설정해야 합니다.

그룹 메시지

기본 행아웃 또는 채팅의 그룹 대화는 다른 서비스에서 읽거나 답장할 수 없습니다. 그룹 메시지는 두 서비스 간에 호환되지 않습니다. 그러므로 계속 진행하려는 그룹 대화가 있다면 채팅으로 대화를 다시 시작하는 것이 좋습니다.

채팅에서 메시지를 수정하거나 삭제해도 기본 행아웃을 사용하는 사용자에게 표시된 메시지는 수정되거나 삭제되지 않습니다.

조직에서 구글 Voice를 사용하도록 설정된 경우 채팅을 사용하여 전화를 걸 수 있습니다. 채팅을 사용하여 전화를 걸면 Google Workspace용 Voice가

열려 전화가 걸립니다. 단, 현재 채팅을 사용해서 SMS를 보낼 수는 없습니다.

기본 행아웃을 사용하여 채팅 사용자에게 전화하거나 SMS를 보낼 때는 사용자 기기의 벨이 울리거나 문자 메시지를 클라이언트로 전송합니다.

영상 통화

채팅에서는 구글 Meet을 화상 회의에 사용하며 기본 행아웃 사용자에게는 구글 Meet으로 연결되는 링크가 전송됩니다. 기본 행아웃에는 영상 통화 기능이 내장되어 있으며 채팅 사용자에게 이 링크가 전송됩니다.

채팅 기록 설정

참여자가 기본 행아웃과 채팅을 함께 사용한다면 채팅에 기본 행아웃 기록 사용/사용 중지 설정이 사용됩니다.

1대1 채팅 메시지 검색

기본 행아웃과 채팅의 모든 1대1 채팅 메시지는 Gmail로 검색할 수 있습니다. 또한, 모든 기본 행아웃 그룹 메시지도 Gmail로 검색할 수 있습니다.

그룹 메시지와 채팅방 검색

채팅 그룹 메시지나 채팅방은 채팅에서 검색할 수 있습니다. 관리자 문서함 (Vault)에 채팅 보관 규칙 또는 보존 조치가 설정된 경우 Gmail, 기본 행아웃, 채팅의 메시지는 해당 설정에 따라 보관됩니다.

제4장

구글 드라이브

Google Workspace에는 두개의 큰 축이 있습니다. 첫 번째는 **Gmail 중심의 통합 커뮤니케이션 도구**이고 두 번째는 **구글 드라이브 중심의 파일 공유와 관리를 위한 협업 도구**입니다.

Google Workspace의 버전에 따라서 제공되는 구글 드라이브 저장 용량에는 차이가 있습니다.

⊞ 버전에 따른 구글 드라이브 용량

버전	용량
Business Starter	사용자당 30GB
Business Standard	사용자당 2TB, Pooled
Business Plus	사용자당 5TB, Pooled
Enterprise Essentials	사용자당 1TB, Pooled
Enterprise Standard	무제한
Enterprise Plus	무제한

공동 저장 용량(Pooled) 개념

이번 Google Workspace에 새롭게 도입된 개념입니다. G Suite Business 버전

이상에서 제공하였던 사용자당 무제한 용량은 Google Workspace에서는 Enterprise Standard/Plus 버전에서만 제공합니다. Google Workspace Business Standard/Plus에서는 **공동 저장 용량**이라는 새로운 개념의 스토리지를 제공합니다.

여기서 공동 저장 용량이라는 개념을 이해할 필요가 있습니다. 이는 이전 G Suite 서비스에서는 없었던 새로운 개념이며 Google Workspace에 새롭게 적용된 스토리지 정책이기도 합니다.

구글 공식 Google Workspace 도움말 센터는 'Google Workspace 저장 용량 작동 방식'*을 다음과 같이 설명합니다.

> Google Workspace에서는 조직의 모든 사용자가 공유할 수 있는 공동 저장 용량이라는 저장 용량 모델을 사용합니다. 신규 사용자를 추가할 때마다 공동 저장 용량은 Google Workspace 구독을 기반으로 증가합니다. 공동 저장 용량은 Google Drive, Gmail, Chat, Docs, 기타 Google Workspace 서비스에 사용할 수 있습니다.

예를 들어 Business Standard를 사용 중이라면 모든 신규 사용자에게 2TB의 저장 용량이 풀(공동 저장 용량)에 추가로 제공됩니다. 사용자가 100명인 경우 조직 전체에서 공유 가능한 200TB(사용자 100명×2TB)의 공동 저장 용량이 조직에 제공됩니다.

4.1 협업 시 구글 드라이브의 필요성

기업은 보유한 지적 자산 관리에 많은 투자를 하고 있습니다. 특히 다음과 같은 어려움을 극복하고자 노력해 왔습니다.

- 대용량의 설계 도면이나 문서 관리를 위한 중앙 집중과 통제에 보안 관리 어려움이 있습니다.
- 바이러스 또는 랜섬웨어, 악성코드 등의 악성 앱 감염에 매우 취약합니다.
- 외부 협력 업체와 대용량 자료를 효율적으로 주고받기가 쉽지는 않습니다.
- 보안 감시가 느슨한 서드파티 유료 웹하드 또는 클라우드 웹 스토리지 서비스 이용에 대한 비용 대비 효과가 높지 않습니다.
- 늘어나는 내부 대용량 자료를 위한 사내 설치형 NAS(Network Attached Storage) 기반의 파일 서버에 대한 유지관리 비용이 만만치 않습니다.
- 늘어나는 용량을 감당하기 어렵습니다.
- 수시로 있는 자료 백업과 시스템 최신 업데이트 유지 비용 만만치 않습니다.
- 외부나 국외 출장 중에 사내 파일 서버에 접근하기가 어렵습니다(VPN 사용으로 말미암은 불필요한 비용 지출).
- 민감한 자료에 대한 보안 관리에 어려움이 있습니다.
- 부서별 또는 팀별 접근 범위 차별화 관리가 어렵습니다.
- 개인정보나 보안을 요하는 데이터 유출을 방지하기가 어렵습니다.
- 언제 어디서나 상관없이 사내 자료를 확인하기 어려운 문제가 있습니다.
- 모바일 스마트폰이나 태블릿에서의 접근성이 떨어집니다.
- 문서 협업 시 수정된 버전에 대한 효율적인 버전 관리에 어려움이 있습니다.
- 이메일 서버, 문서 관리 서버, 그룹웨어 서버, 스팸 차단 솔루션, VPN 등을 별도로 운영하고 유지하는 데 어려움이 있습니다.

이처럼 협업 시 발생하는 많은 데이터와 이를 저장하기 위한 스토리지 관리, 원격에서 근무 시 본사 내부 파일 시스템에 접근하기 위한 권한 통제, 부서별, 팀별 보안 규정 적용 관리 등 신경 써야 할 항목이 한둘이 아닙니다.

그러나 Google Workspace의 구글 드라이브를 사용하면 앞서 언급한 이슈 대부분 해결할 수 있습니다.

MS 오피스 문서로 공동 편집 작업

예전에는 구글 드라이브에서 협업 동료와 공동으로 문서를 편집하려면 반드시 구글 문서 도구(문서, 스프레드시트, 프레젠테이션)로만 가능했습니다(예: MS 워드 문서를 이용하여 공동 편집 작업을 하려면 구글 문서로 변환해야 했음).

그러나 지금은 MS 오피스 파일(워드, 엑셀, 파워포인트)을 구글 문서 형식으로 변환 없이, 그리고 MS 오피스 앱 없이도 크롬 브라우저만으로 협업 동료와 공동으로 편집하고 댓글을 달 수 있게 되었습니다.

구글 드라이브에 저장된 MS 오피스 파일을 열면 다음과 같이 오피스 파일 확장자 아이콘(.DOCX, .XLSX, .PPTX)이 보입니다. 크롬 브라우저에서 MS 오피스 문서를 변환하지 않고도 편집할 수 있고 협업자와 공유 후 공동 편집 작업도 가능합니다.

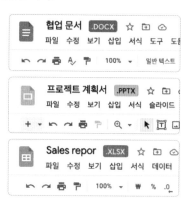

→ 오피스 파일 확장자 표시

파일 미리 보기에서 댓글로 협업하기

구글 드라이브에서 파일 검색 후 해당 문서 내용을 확인하고자 매번 내려받은 후 해당 앱을 실행하여 확인하는 작업은 시간이 오래 걸리고 번거롭습니다(예: 포토샵 파일 형식인 .psd 확장자 파일 검색 후 내용을 보려고 포토샵 앱을 내려받아 실행).

구글 드라이브에서는 가장 많이 사용하는 파일(MS 오피스, PDF, 포토샵 파일 등 약 40종)은 전용 앱이 없어도 브라우저에서 바로 미리 볼 수 있습니다. 예를 들어 그래픽 파일인 .psd, .eps, .ai도 검색 후 내려받지 않고 바로 내용을 확인할 수 있습니다.

구글 드라이브에서 원하는 파일을 선택한 다음 **단축키 <P>**를 누르기만 해도 미리 보기가 가능합니다. PDF나 MS 오피스 문서 포함 구글 드라이브 미리 보기가 가능한 파일에 대해서는 미리 보기에서 댓글을 바로 입력할 수도 있습니다. 아울러 MS 오피스 문서라면 해당 댓글이 자동으로 삽입되어 MS 오피스에서도 이를 확인할 수 있습니다.

→ 미리 보기에서 댓글 추가

구글 드라이브에 저장할 수 있는 파일과 미리 보기가 가능한 형식은 다음 웹페이지를 참고하세요.*

Google 드라이브에 저장할 수 있는 파일

https://support.google.com/drive/answer/37603?hl=ko

4.2 협업 시 문서와 파일 버전 관리에 대한 이해

팀 동료와 협업 시 주고받은 문서나 파일은 수시로 수정 또는 변경되기도 합니다. 그러므로 팀 동료 간에 주고받은 문서의 상태는 항상 최신 버전을 유지해야 하는 부담감이 있습니다. 그리고 때에 따라서는 과거 버전으로 되돌릴 필요도 있습니다. 그러나 협업 시 문서나 파일에 대하여 각자가 버전 관리하는 것은 시간 소모성 작업이기도 합니다.

구글 드라이브에서는 저장되는 모든 문서와 파일에 대해서 자동이나 수동으로 버전을 관리하는 기능을 제공합니다. 그리고 이 버전 관리 기능만 이해해도 업무 효율을 200% 올릴 수 있습니다.

구글 드라이브에 저장되는 파일은 크게는 두 종류로 나뉩니다.

- 첫째, 구글 문서 도구로 생성한 문서 형식(문서, 프레젠테이션, 스프레드시트 등)
- 둘째, 기타 파일 형식(예: MS 오피스, PDF, 한글 HWP, 일러스트레이터, 포토샵, 오토캐드 등)

이 파일 형식의 종류에 따라서 버전 관리 방법이 달라집니다. 구글 드라이브에 저장되는 이 모든 파일에 대하여 자동으로 **버전 관리 기능**을 제공합니다.

요컨대 협업을 위한 공동 문서 편집 작업 시 가장 중요한 요소는 원본 파일에 대한 버전 관리 기능으로, 모든 기록이 관리되어 누가 어떤 작업을 했는지 알 수 있어야 하고 이전 버전으로 복원할 수도 있어야 합니다.

구글 드라이브 버전 관리 3가지 방법

기타 파일(MS 오피스 문서/HWP/PDF와 기타 모든 파일) 버전 관리

  PC용(맥용/윈도우용) 구글 드라이브 동기화 프로그램인 **데스크톱용 구글 드라이브(DFD)**를 설치하여 PC의 로컬 폴더와 구글 드라이브의 폴더를 동기화할 수 있습니다. MS 오피스 문서 작업자는 로컬 컴퓨터에서 오피스 편집 작업을 한 후 로컬 폴더에 저장을 시도하면 DFD 앱이 자동으로 변경 내용을 구글 드라이브에 저장하면서 변경 내용별로 저장하여 자동 버전 관리가 이루어집니다.

  구글 드라이브에서 버전 기록을 확인하려면 해당 파일 선택 후 마우스 오른쪽 버튼을 클릭 후 버전 관리를 선택하면 됩니다.

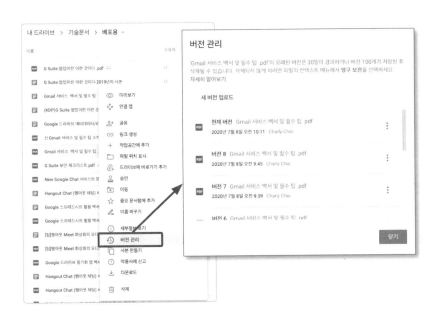

→ 문서 버전 관리

구글 드라이브에서 특정 파일 선택하여 수동으로 버전 관리

  웹 브라우저로 구글 드라이브에 로그인 한 후 원하는 파일을 선택하고 마우스 오른쪽 버튼을 클릭한 다음 🕐 버전 관리 메뉴를 선택하여 새 버전을 올릴 수 있습니다.

버전 관리

'Gmail 서비스 백서 및 필수 팁 .pdf'의 오래된 버전은 30일이 경과하거나 버전 100개가 저장된 후 삭제될 수 있습니다. 삭제되지 않게 하려면 파일의 컨텍스트 메뉴에서 **영구 보관**을 선택하세요. 자세히 알아보기

[새 버전 업로드]

📄 **현재 버전** Gmail 서비스 백서 및 필수 팁 .pdf
    2020년 7월 8일 오전 10:11 Charly Choi   ⋮

📄 **버전 8** Gmail 서비스 백서 및 필수 팁 .pdf
    2020년 7월 8일 오전 9:45 Charly Choi   ⋮

📄 **버전 7** Gmail 서비스 백서 및 필수 팁 .pdf
    2020년 7월 8일 오전 9:39 Charly Choi   ⋮

   버전 6 Gmail 서비스 백서 및 필수 팁 .pdf

[닫기]

→　수동으로 버전 관리

구글 문서(문서, 스프레드시트, 프레젠테이션) 버전 관리

  구글 문서 도구로 작성한 문서는 모든 편집 기록이 자동으로 저장됩니다. 공유한 문서는 공유자의 편집 기록도 자동 저장되고 이전 버전으로 복원할 수도 있습니다.

  구글 문서에서 파일 → 버전 기록 → 버전 기록 보기 메뉴를 선택하여 버전 기록을 표시한 다음 원하는 버전을 선택할 수 있습니다.

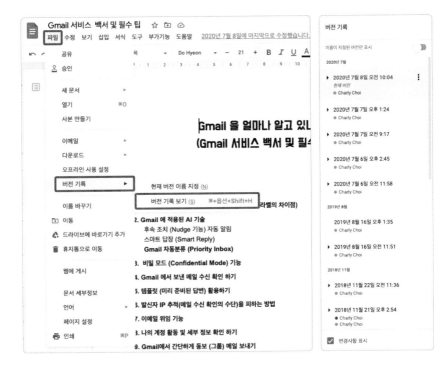

→ 구글 문서의 이전 버전 확인

4.3   공유 드라이브

구글 드라이브는 내 드라이브와 공유 드라이브로 구성됩니다. 협업 시 공동으로 파일을 관리하고자 할 때는 내 드라이브보다는 공유 드라이브를 사용하는 것이 좋습니다. 그 이유는 내 드라이브에 몇 가지 제약이 있기 때문입니다.

> 공유 드라이브는 Google Workspace Business Standard/Plus/Enterprise, Google Workspace for Education 및 Google Workspace for Education Plus, Google Workspace for Nonprofit 버전에서만 사용할 수 있습니다.

개별 소유권 문제

내 드라이브는 계정별로 관리되는 시스템입니다. 소유권도 개별 계정으로 유지됩니다. 예들 들면, 팀장이 부서 공용 폴더를 생성하여 부서원에게 공유하더라도 각 부서원이 이 폴더에 올리는 파일과 문서의 소유권은 각 부서원에게 있습니다. 따라서 각 부서원이 올린 파일 삭제 권한은 각 부서원에게 있습니다. 그리고 공유된 폴더에서 각 소유권자가 올린 파일을 삭제하거나 다른 폴더로 옮길 수 있습니다. 이때 공용 폴더를 생성한 팀장은 이를 통제할 방법이 없습니다.

퇴직자 관리 문제

공유된 폴더에 문서나 파일 소유권자가 퇴직할 경우 Google Workspace 관리자는 퇴직자 계정을 삭제할 수 있습니다. 이때 퇴직자가 기존에 생성하였던 모든 파일과 문서는 계정 삭제 시 모두 자동으로 삭제됩니다.

구글 그룹스로 권한 관리 문제

구글 내 드라이브 폴더는 구글 그룹스를 이용하여 공유할 수 있습니다. 해당 그룹에는 새로운 멤버를 추가하거나 멤버가 탈퇴할 수 있습니다. 이때 새롭게 합류한 그룹 멤버에게 이전에 해당 그룹으로 공유된 모든 폴더나 문서를 다시 공유해야 하는 불편함이 있습니다.

예를 들어 마케팅부 부장이 구글 드라이브 내에서 Marketing 폴더를 생성하여 marketing@mycompany.com 그룹 메일로 해당 폴더를 공유합니다. 현재 marketing@mycompany.com 그룹에 5명이 멤버로 가입되었다면 해당 Marketing 폴더는 5명이 공유합니다. 이후 신입 사원인 홍길동이 입사하여 마케팅 부서에 배속됩니다. 그리고 marketing@ 그룹에 멤버로 합류합니다.

홍길동은 이전에 marketing@ 그룹으로 공유된 모든 자료를 쉽게 공유 받을 수 있어야 합니다. 그러나 홍길동 본인의 구글 내 드라이브에는 Marketing 폴더가 자동으로 보이질 않습니다. Marketing 폴더 소유자가 홍길동에게 다시 공유하거나 홍길동은 내 그룹에서 자신이 소속된 그룹을 찾아야 합니다. 그러므로 marketing@ 그룹으로 공유한 알림 메시지를 찾아서 직접 내 드라이브에 추가해야 하는 불편함이 있습니다.

중앙 통제 관리 부재 문제

구글 내 드라이브는 계정별로 소유권을 가지고 파일을 생성하고 관리하는 구조입니다. 즉, 폴더를 생성하고 이를 공유한 사람이 해당 폴더에 저장된 모든 파일에 대한 전체 소유권을 가지지 못합니다. 폴더를 공유 받은 멤버가 생성한 파일은 각 멤버가 소유권을 가지기 때문입니다. 그러므로 공유된 폴더 안에서는 소유권이 서로 다른 파일이 공존할 수 있습니다. 이 때문에 각 소유권자의 파일을 관리하는 데 어려움이 있습니다. 공유한 폴더에 올린 파일의 소유자가 퇴직으로 계정이 삭제될 경우 해당 파일은 모두 자동으로 삭제될 수 있습니다.

각 파일 소유권자가 마음대로 파일을 삭제하거나 다른 폴더로 이동할 경우 공유한 다른 사람 폴더에서 보이지 않는 현상 발생할 수 있습니다. 회사 전체 또는 팀별, 부서별 전용의 중앙 통제 가능한 파일 서버와 같은 형태를 유지할 수 없습니다. 또한, 공유 폴더를 생성한 후 하위 폴더에 대해서 팀원에게 문서 생성 권한을 주고 삭제하거나 이동하지 못하게 막을 방법이 없습니다.

협업 시 공유 드라이브를 사용해야 하는 이유

공유 드라이브는 팀 단위의 공동 협업 작업과 중앙에서 통제할 수 있고 보안을 강화한 구글 드라이브 서비스입니다. 여기서는 공유 드라이브가 무엇이고, 기존의 내 드라이브와 차이점은 무엇인지, 어떻게 사용하는지, 주의 사항은 무엇인지를 살펴보고자 합니다.

공유 드라이브는 신입 사원의 생산성을 높일 수 있습니다.

기존 팀이나 부서에 신입 사원을 배속할 때 업무를 파악하는 데만 몇 주가 걸릴 수 있습니다. 이것은 부분적으로 교육 자료나 진행 중인 프로젝트 정보에 대한 접근을 제한했기 때문일 수 있습니다. 이럴 때는 공유 드라이브를 통해 신입 사원에 대하여 쉽게 문서 접근 권한을 통제할 수 있습니다. 이 덕분에 시간이 많이 단축되고 곧바로 업무에 뛰어들 수 있습니다.

팀 구성원이 퇴사하더라도 파일은 공유 드라이브에 남아 있습니다.

직원이 퇴사할 때 파일 소유권을 상실하는(퇴사자 계정 삭제 시 모든 파일이 삭제됨) 것은 많은 회사에서 큰 문제가 될 수 있습니다. 공유 드라이브의 파일은 개인이 아닌 팀에 속하므로 직원이 떠나더라도 정보를 추적하고 이전하는 것에 대해 걱정할 필요가 없습니다. 공유 드라이브 내에서 파일을 그대로 유지하고 팀이 정보를 계속 공유하므로 작업 흐름이 멈추지 않습니다.

직원이나 관리자의 사용 권한을 쉽게 관리하고 공유할 수 있습니다.

대규모 조직이라면 데이터를 추적하는 것이 중요합니다. 그러므로 원하는 사람만 정보를 공유할 수 있도록 접근을 관리하는 데 도움이 되는 도구가 필요합니다. 이럴 때 공유 드라이브를 사용하면 직원의 파일 접근을 쉽게 관리할 수 있습니다.

특정 파일을 편집, 댓글, 재구성 또는 삭제하려는 사용자를 기반으로 권한을 세분화할 수도 있습니다. 그리고 직원이 공유 드라이브를 사용하기 전에 관리자는 전체 도메인 또는 특정 조직 단위별로 공유 드라이브를 활성화할 수도 있습니다.

이러한 권한은 Google Workspace 관리 콘솔에서 설정할 수 있으며 관리자는 필요에 따라 구성원을 공유 드라이브에 추가하거나 제거할 수 있으며 사용 권한을 쉽게 편집할 수 있습니다.

공유 드라이브란 무엇인가?

공유 드라이브는 협업 시 팀원과 공동 작업을 할 수 있도록 한 공유 공간입니다. 구글 드라이브에서 팀 단위 공동 작업을 위해서 필요했던 기능을 보완하고자 새롭게 추가한 서비스입니다.

공유 드라이브는 한 팀에 속한 팀원이 장소에 상관없이 어느 기기에서나 파일을 쉽게 저장, 검색, 접근할 수 있는 공유 공간입니다. 그리고 내 드라이브와는 다르게 공유 드라이브 파일의 소유권은 개인이 아니라 팀에 속합니다. 멤버가 탈퇴해도 파일은 정확히 그 위치에 유지되며 팀은 일관성 있게 자료를 공유하고 작업할 수 있습니다.

> 공유 드라이브는 Google Workspace Business Standard/Plus/Enterprise, Google Workspace for Education 및 Google Workspace for Education Plus, Google Workspace for Nonprofit 버전에서 만들 수 있습니다.

표 공유 드라이브 주요 기능

기능	설명
직원이 퇴사한 후에도 파일 유지	공유 드라이브에서는 개인이 아닌 팀과 회사에서 파일을 소유합니다. 직원이 퇴사하고 계정이 삭제되어도 직원의 파일은 공유 드라이브에 유지됩니다.
향상된 공유 규칙	공유 드라이브는 공유된 멤버에게 동일한 권한으로 유지됩니다.
멤버 추가 시 공유 드라이브 자동 푸시	사용자가 특정 그룹에 추가되면 해당 그룹으로 공유된 모든 공유 드라이브가 그룹에 추가된 사용자에게 자동으로 표시됩니다.
외부 사용자와 공유 드라이브 공유	공유 드라이브에 외부 사용자를 멤버로 추가할 수 있습니다. 해당 사용자의 구글 드라이브에 공유 드라이브가 자동으로 표시됩니다. 외부 사용자가 참여하는 모든 작업(예: 파일 내 수정, 새 파일 생성, 파일 업로드 등)은 공유 드라이브를 만든 도메인으로 전송되며 해당 도메인의 소유가 됩니다. 외부 사용자는 Google Workspace 사용자뿐만 아니라 개인 Gmail 사용자, 구글 계정이 있는 모든 사용자가 될 수 있습니다. Google Workspace 관리자는 사용자가 조직 외부에 파일을 공유할 수 있는지를 제어할 수 있습니다.
데스크톱에서 공유 드라이브 동기화	사용자는 데스크톱용 드라이브 앱을 사용하여 자신의 컴퓨터에서 공유 드라이브에 접근할 수 있습니다. Microsoft Word, Adobe Photoshop 등의 기본 데스크톱 애플리케이션을 그대로 사용할 수 있습니다.

표 내 드라이브와 공유 드라이브 비교

	공유 드라이브	내 드라이브
추가할 수 있는 파일 형식	모든 파일 형식(구글 지도와 Apps Script가 첨부된 기존 문서 제외)	모든 파일 형식
파일과 폴더 소유자	팀	파일 또는 폴더 생성한 개인
파일과 폴더 이동 가능 여부	참여자는 파일과 폴더 모두 이동할 수 없음 관리자는 폴더나 파일 이동 가능	예
컴퓨터에 파일 동기화 가능 여부	아니요*	예
공유	모든 팀원이 같은 파일 집합을 봄	개별 파일의 접근 권한에 따라 각 사용자는 폴더에서 서로 다른 파일을 볼 수도 있음
삭제한 파일 휴지통에 남아 있는 기간	각 공유 드라이브에는 자체 휴지통이 있으며 휴지통에 있는 파일과 폴더는 30일이 지나면 완전히 삭제됨 멤버라면 특정 파일을 더 빨리 삭제할 수 있음	사용자가 '완전 삭제'를 선택할 때까지 파일과 폴더가 휴지통에 남아 있음
파일 복원 가능 여부	예(수정이나 전체 접근 권한이 있을 때)	예(본인이 문서를 만든 경우)

* 데스크톱용 구글 드라이브를 사용하여 PC나 Mac에서 공유 드라이브에 접근할 수 있습니다.

권장 사항

공유 드라이브의 활용도를 높이려면 데이터 구성 시 여러 사항을 고려하여 신중히 결정해야 합니다. 팀원 또는 부서, 협력사 등과 협업이나 공유를 해야 할 때 공유 드라이브를 사용합니다. 그러므로 개인 파일이나 다른 사용자가 봐서는 안 되는 파일은 내 드라이브에 보관해야 합니다.

공동 협업 작업을 하려면 공유 드라이브를 만들고 모든 멤버에게는 5단계 (관리자, 콘텐츠 관리자, 참여자, 댓글 작성자, 뷰어)의 접근 권한을 부여할 수 있습니다. 이와 함께 관리자와 직원에게 공유 드라이브 사용 방법을 교육하여 조직 전반으로 공유 드라이브 사용을 확대합니다.

기본적으로 구글 내 드라이브에 있는 내 폴더는 공유 드라이브로 이동할 수 없습니다. 단, Google Workspace 관리자가 일반 사용자에게 최고 권한을 부여하면 가능합니다. 따라서 Google Workspace 관리자는 내 드라이브의 폴더를 공유 드라이브로 이동할 수 있습니다. 사용자의 해당 폴더를 관리자에게 공유한 후 관리자가 공유 드라이브로 이동하는 방법도 있습니다.

공유 드라이브에 추가한 사용자는 해당 공유 드라이브의 모든 항목에 접근할 수 있습니다. 이때 관리자는 하위 폴더에 대해서는 별도로 접근을 제한할 수 없습니다. 하위 폴더에 대해서 다양한 수준의 권한이 필요하다면 해당 하위 폴더에 대해서 공유 드라이브를 새로 만드는 것이 좋습니다.

사용자는 자신이 소유한 모든 파일을 내 드라이브에서 공유 드라이브로 이동할 수 있습니다. 다른 사용자가 소유한 파일은 파일 소유자에게 이동하도록 요청해야 합니다.

공유 드라이브 안의 개별 파일은 공유 드라이브 멤버가 아닌 사용자와 직접 공유할 수 있습니다. 직접 공유할 경우 파일이 그 사용자의 공유 문서함에는 표시되지만 내 드라이브나 다른 공유 드라이브에는 추가될 수 없습니다.

공유 드라이브의 재구성이 필요한지를 판단하는 기준

시간이 지남에 따라 사용자가 공유 드라이브 사용에 어려움을 겪는다면 **자료의 재구성**이 필요할 수 있습니다. 다음은 재구성이 필요할 때 나타나는 몇 가지 징후입니다.

판단 기준	내용
루트 수준의 파일이 너무 많음	다음과 같은 상황에서는 공유 드라이브에 루트 수준의 파일이 너무 많아지게 됩니다. * 공유 드라이브의 목적이 모호하여 여러 프로젝트에서 공유 드라이브를 임의의 파일 보관 용도로 사용할 때 * 공유 드라이브 멤버십 목록이 지나치게 광범위하고 멤버로 지정한 프로젝트팀이나 조직이 너무 많을 때 이럴 때는 개별 프로젝트나 업무팀(또는 협력팀)을 나타내도록 공유 드라이브를 여러 공유 드라이브로 재구성해야 합니다.
프로젝트에 폴더 매핑 시도	사용자가 프로젝트나 프로그램의 포트폴리오를 나타내는 공유 드라이브를 만든 다음 프로젝트별 개별 하위 폴더를 만들 때 공유 드라이브의 각 하위 폴더에 접근 권한을 다르게 설정하는 방법을 요청할 수 있습니다. 이럴 때는 각 하위 폴더를 별도의 공유 드라이브로 재구성해야 합니다.
공유 드라이브에 그룹 자료만 포함	사용자는 공유 드라이브에 개인 자료나 메모를 추가하지 않아야 합니다. 공유 드라이브는 전체 팀이나 그룹에서 관심을 두는 공유 프로젝트용입니다.
공유 드라이브 멤버로 포함할 사용자 지정	모두가 봐야 하는 자료가 아닌 한 공유 드라이브에 전체 조직을 추가하는 것은 바람직하지 않습니다.

공유 드라이브 사용자와 활동 관리

Google Workspace 관리자는 조직의 공유 드라이브와 멤버를 관리할 수 있습니다. 또한, 폴더를 공유 드라이브로 이전하고 기타 기능을 수행할 수 있습니다.

참고 사항

도메인 또는 특정 조직 단위로 공유 드라이브를 설정해야 한다면 다음 구글 도움말을 참조하세요.* Google Workspace 관리자는 사용자가 조직 외부에 파일을 공유할 수 있는지를 제어할 수 있습니다.

드라이브 사용자의 공유 권한 설정하기

https://support.google.com/
a/answer/60781

공유 드라이브 사용 제한

관리자 콘솔에서 조직 단위로 공유 드라이브 사용을 제한할 수 있습니다. Google Workspace에서 모든 직원에게 공유 드라이브 사용을 제한하려면 관리 콘솔에서 공유 드라이브 생성 옵션에서 각 사용자 범위별 사용 제한을 설정해야 합니다.

관리 콘솔에서 앱 → Google Workspace → 드라이브 및 문서 설정 → 공유 설정으로 이동한 후 **공유 드라이브 생성** 항목에서 필요한 설정을 수행합니다.

→ 공유 드라이브 생성 옵션

공유 드라이브에서 할 수 있는 작업

참여자 권한 옵션

팀 폴더를 공유한 멤버는 파일을 생성, 수정, 추가는 할 수 있으나 삭제나 이동은 못 하도록 할 수 있습니다(팀 폴더에 자신이 생성하거나 업로드 한 문서나 파일도 삭제하지 못하도록 할 수 있음).

자동 푸시

공유 드라이브 폴더를 만들고 멤버를 추가하면 추가한 멤버는 본인의 공유 드라이브에 자동 푸시됩니다. 반대로 추가한 멤버를 제거하면 제거된 멤버의 공유 드라이브에서는 해당 폴더가 자동으로 사라집니다.

팀 폴더 단위 휴지통

팀 폴더 안에서 삭제된 파일을 각 팀 폴더 전용 휴지통에 30일간 유지합니다.

퇴사자 처리

팀 폴더 멤버 중에 퇴사로 계정이 삭제되어도 퇴사자가 생성한 모든 파일과 문서는 그대로 유지됩니다.

Google Workspace 관리자 역할

전체 사용자의 공유 드라이브의 권한 설정을 변경하고 멤버를 관리할 수 있습니다.

외부 사용자 공유

공유 드라이브의 공유 멤버에 Google Workspace를 사용하지 않는 사용자(무료 개인 Gmail 사용자, 무료 구글 계정 소유자, Google Workspace Business Starter 사용자)도 추가할 수 있습니다. 그러면 해당 구글 계정의 구글 드라이브에 자동으로 공유 드라이브가 표시되며 해당 팀 폴더의 권한을 갖고 작업할 수 있습니다. 이 공유 드라이브에 올린 문서나 파일 또는 생성한 모든 파일의 소유권은 공유 드라이브를 생성한 도메인이 갖습니다.

소유권

공유 드라이브의 전체 소유자는 회사가 됩니다. 공유 드라이브에 생성되는 모든 파일과 문서에는 소유자 필드가 없습니다. 그러나 세부 정보 창에서 만든 사람이라는 필드를 볼 수 있습니다. 공유 드라이브에 생성된 폴더와 파일, 문서의 삭제는 공유 드라이브를 최초로 만든 사람이 전체 접근 권한(관리자, 콘텐츠 관리자 권한)을 가지고 있거나 이 권한을 부여받은 다른 멤버만 가능합니다.

삭제 방지

멤버가 실수로 파일을 삭제할 가능성을 줄이고자 공유 드라이브는 세 가지 새로운 역할을 도입했습니다. 먼저 **관리자**는 콘텐츠 멤버와 설정을 관리하고 모든 파일에 대한 최고 권한을 갖습니다. 두 번째 **콘텐츠 관리자**는 모든 파일을 추가, 수정, 이동, 삭제할 수 있습니다. 세 번째로 **참여자**는 파일을 추가하거나 수정할 수는 있으나 삭제할 수는 없습니다.

공유한 공유 드라이브 파일

공유 드라이브에 속하지 않은 사람과 개별적으로 파일은 공유할 수 있습니다. 이렇게 공유된 파일은 공유 문서함에 표시되지만 내 드라이브 또는 공유 드라이브에는 추가할 수 없습니다.

기타 고려 사항

각 공유 드라이브에는 팀 폴더별 자체 휴지통이 있습니다. 공유 드라이브 항목은 30일 동안 휴지통으로 남아 있습니다(휴지통에 있는 파일은 삭제할 때까지 유지됩니다). 공유 드라이브의 전체 접근 권한이 있다고 하더라도 내 드라이브에 있는 파일 소유자가 내가 아니라면 이동할 수 없습니다.

공유 드라이브 멤버 관리

공유 드라이브에 폴더를 만든 사람은 구글 그룹스를 통해서 권한을 관리하고 부여할 수 있습니다. 그룹스에 멤버 추가 시 추가한 멤버의 공유 드라이브는 자동 표시됩니다. 반대로 그룹스 멤버 탈퇴 시 탈퇴한 멤버로부터 공유 드라이브는 자동으로 제거됩니다. 구체적인 동작 과정은 다음 동영상을 참고*하세요.

공유 드라이브 그룹스로
권한 부여

https://www.youtube.com/
watch?v=qUUerAtuolc

폴더 공유를 위한 멤버 추가는 해당 폴더를 선택하고 나서 마우스 오른쪽 버튼 클릭 후 멤버 관리에서 사용자를 추가할 수 있습니다.

폴더에 소속된 멤버가 생성하는 모든 문서의 개별 소유권 개념은 없습니다. 그리고 멤버가 생성한 모든 파일의 삭제 권한은 **관리자**와 **콘텐츠 관리자**에게 있습니다. 그러므로 멤버가 생성한 파일은 해당 멤버가 퇴사한 이후에 계정이 삭제되어도 그대로 남아 있습니다(공유 드라이브의 특징).

이전 구글 드라이브에서 발생할 수 있는 **분리된 파일***, 즉 소유자가 생성한 파일과 폴더를 공유 받은 사람이 마음대로 삭제하거나 다른 폴더로 옮기면서 본래 소유자의 파일이나 폴더가 사라지는 현상과 같은 부작용은 발생하지 않습니다. 참고로 이 분리된 파일은 이전 G Suite 버전에서 발생하였던 현상으로, Google Workspace 버전으로 업데이트되면서 더는 발생하지 않습니다.

분리된 파일 현상과
복원 방법

https://bit.ly/38Xg14I

그리고 공유 드라이브에 생성된 팀 폴더별로 휴지통을 관리합니다.

퇴사자 관리

공유 드라이브 폴더를 생성하거나 파일을 생성한 사용자가 퇴사할 때(계정 삭제)도 공유 드라이브에 해당 퇴사자가 생성한 파일은 그대로 남습니다. 그리고 공유 드라이브 폴더 생성자가 퇴사하여 계정이 삭제되더라도 기존의 팀 폴더로 공유된 공유자의 공유 권한은 그대로 유지됩니다. 다만, 기존 공유자가 삭제 권한이 없는 상태였다면(수정 접근 권한 또는 보기 권한) 퇴사자 계정이 삭제된 이후에도 관리자가 별도의 권한 변경을 하지 않는 한 그 권한은 그대로 유지됩니다.

관리자를 위한 공유 드라이브 관리

관리자는 관리 콘솔을 통해서 조직별로 공유 드라이브 사용 여부를 설정할 수 있습니다. 이와 함께 관리자는 사용자가 생성한 공유 드라이브의 권한 설정도 변경할 수 있습니다.

내 드라이브의 자료를 공유 드라이브로 이전하기

일반 사용자는 내 드라이브의 폴더를 공유 드라이브로 이전할 수 없습니다. 단, 파일 단위로는 이전할 수 있습니다. 물론 Google Workspace 관리자는 내 드라이브의 폴더나 파일 모두 이전할 수 있습니다.

참고

일반 사용자가 내 드라이브 폴더를 공유 드라이브로 이전하고자 할 때는 해당 폴더 소유자에게 최고 관리자 권한을 부여한 후 해당 사용자가 직접 공유 드라이브로 이전하면 됩니다.

공유 드라이브로 이전 시 주의 사항

폴더 이전 시 공유 옵션이 변경됩니다. 공유 옵션을 지정한 내 드라이브의 폴더를 공유 드라이브로 이전하면 내 드라이브의 폴더에 지정된 공유 옵션은 모두 사라지고 이전되는 공유 드라이브에 지정된 권한 설정으로 바뀌게 됩니다.

예를 들어 내 드라이브의 '마이 폴더'가 kim@mycompany.com, park@gmail.com에게 공유되어 있을 때 공유 드라이브로 이전한 '마이 폴더'에는 이전에 공유한 kim@mycompany.com, park@gmail.com이 모두 사라집니다. 아울러 폴더 이전은 관리자만 할 수 있으므로 내 드라이브에서 공유 드라이브로 폴더 이전은 즉시 이루어지지 않고 시간이 걸릴 수 있습니다.

이와는 달리 개별 파일이나 개별 문서 이전 시는 개별 파일이나 문서에 지정한 공유자가 공유 드라이브로 이전 후에도 그대로 남습니다. 예를 들어 내 드라이브의 myfile.docx 공유자가 hsikchoi@gmail.com이라면 공유 드라이브로 이전한 상태에서도 myfile.docx는 공유자 hsikchoi@gmail.com를 그대로 유지합니다. 단, 공유자가 구글 계정이 아니라면 공유 드라이브로 이전 시 모두 삭제됩니다.

공유 드라이브에 강화된 보안 기능

Google Workspace 고객의 보안 강화를 위한 몇 가지 기능을 제공합니다. 공유 드라이브에서 매우 민감한 콘텐츠를 보호하는 데 도움이 됩니다. 이 기능은 웹용 구글 드라이브(drive.google.com)에서만 사용할 수 있습니다.

공유 드라이브 파일을 보호하기 위한 사용자 설정

이 기능을 사용하면 사용자가 공유 드라이브의 설정을 수정하여 해당 공유 드라이브의 파일을 다음 중 하나로 지정할 수 있습니다.

- 외부 도메인 사용자와 공유합니다.
- 공유 드라이브에 속하지 않은 사용자와 공유합니다.
- 댓글 작성자와 뷰어가 내려받기, 복사, 인쇄할 수 있습니다.

이 설정을 수정하려면 사용자는(공유 드라이브와 같은 도메인에 있어야 함) 공유 드라이브에 대한 전체 접근 권한이 있어야 합니다.

→ 공유 드라이브 파일 설정

관리자가 해야 할 공유 드라이브에 대한 기본 설정

조직 전체의 중요한 정보를 보호하고자 Google Workspace 관리자는 자신
의 도메인이나 개별 조직 단위에서 새로 생성된 공유 드라이브에 대한 기본
설정을 지정할 수 있습니다.

관리자는 조직의 보안 정책에 따라서 공유 드라이브 보안 통제를 설정합니
다. 그러므로 다음과 같은 항목에 대해 전체 조직에 대한 공유 드라이브 생성
에 대한 기본 설정을 지정할 수 있습니다.

- 도메인 내의 사용자가 공유 드라이브를 새로 만드는 것을 차단합니다.
- 전체 접근 권한이 있는 회원이 공유 드라이브 설정을 수정하지 못하도록
  차단합니다.
- 도메인 외부 사용자가 공유 드라이브 파일에 접근하지 못하도록 차단합니다.

- 공유 드라이브의 비회원이 공유 드라이브 파일에 접근하지 못하도록 차단합니다.
- 댓글 작성자와 뷰어가 공유 드라이브의 파일을 내려받거나 복사, 인쇄하지 못하도록 차단합니다.

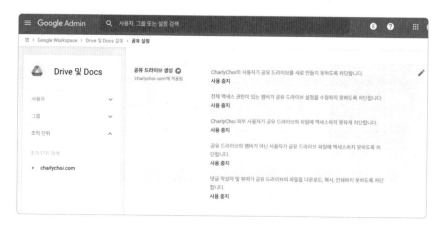

→ 관리 콘솔에서 할 수 있는 공유 드라이브 생성 관련 기본 설정

이때 전체 접근 멤버가 공유 드라이브의 설정을 수정하지 못하도록 설정하지 않으면 전체 접근 멤버는 생성된 후 공유 드라이브의 설정을 변경할 수 있습니다.

보호 설정에 대한 추가 정보

Google Workspace 관리자는 도메인의 개별 공유 드라이브 설정을 수정할 수 있습니다. 공유 드라이브 보호가 이전에 적용된 문서 수준 보호보다 더 제한적이라면 공유 드라이브 보호가 우선 적용됩니다. 즉, 공유 드라이브 설정을 적용하면 일부 사용자가 문서에 접근하지 못할 수 있습니다.

제한적인 보호 기능이 있는 문서가 이보다 덜 제한적인 보호 기능을 갖춘 공유 드라이브에 배치되면 문서의 원래 보호 기능이 해당 문서에도 적용됩니다. 또한, 문서 수준 제한은 해당 문서에서 특별히 변경되거나 제거되지 않는 한 항상 그대로 유지됩니다.

문서는 공유 드라이브에 있는 동안만 공유 드라이브에 적용된 보호 기능을 따르므로 다른 위치로 이동하더라도 공유 드라이브 보호 기능이 함께 이동하지는 않습니다. 그러나 공유 드라이브 이전의 모든 보호 장치는 계속 적용됩니다.

특정 시나리오에서 문서나 공유 드라이브를 보호하는 방법에 대한 자세한 내용은 다음 도움말 센터*를 참조하세요. 의도하지 않은 데이터 유출을 막으려면 Google Workspace 관리자는 도메인에서 이러한 설정을 사용하는 것이 좋습니다.

공유 드라이브의 알려진 문제와 제한 사항

현재 버전에는 다음과 같은 제한 사항과 알려진 문제가 있습니다.

공유 드라이브에 저장할 수 없는 파일

다음과 같은 일부 파일 형식은 공유 드라이브에 저장할 수 없습니다.

- Google 지도
- Google 포토
- 일부 가상 파일 형식
- 다른 도메인이 소유한 파일

외부 사용자 추가 제한

외부 사용자는 이메일 주소와 연결된 구글 계정이 있을 때만 공유 드라이브 회원으로 추가할 수 있습니다. 그러나 기존 이메일로 구글 계정을 만들면 이 문제를 해결할 수 있습니다.

이와 함께 데이터를 이전하거나 콘텐츠를 구성할 때는 다음과 같은 기술적인 제한 사항이 있습니다.

단일 공유 드라이브 내에 포함 가능한 최대 항목 수

공유 드라이브에는 **최대 400,000개의 파일과 폴더를 만들** 수 있습니다. 그러나 공유 드라이브 파일 한도보다 적은 수의 파일을 유지하는 것이 좋습니다. 공유 드라이브에 파일이 너무 많으면 사용자가 콘텐츠를 구성하고 탐색하기 어렵습니다. 예를 들어, 사용자는 개별 파일을 북마크에 추가하거나 콘텐츠 대부분을 무시하게 됩니다.

일일 최대 업로드

구글 드라이브 **계정당 일일 최대 750GB의 파일**을 올릴 수 있습니다. 공유 드라이브 업로드에도 동일한 할당량/한도가 적용됩니다.

폴더 계층 구조 깊이

단일 공유 드라이브는 **최대 20개의 하위 폴더를 중첩**할 수 있지만, 공유 드라이브를 너무 복잡한 폴더 구조로 만들지 않는 것이 좋습니다. 공유 드라이브가 작동은 하더라도 사용자가 콘텐츠를 구성하고 탐색하는 데 어려울 수 있기 때문입니다. 복잡한 계층 구조로 폴더를 구성하는 대신 공유 드라이브를 여러 개 만들어 콘텐츠를 구성해 보세요.

공유 드라이브 멤버십

공유 드라이브에는 많은 개별 회원과 구글 그룹 회원이 포함될 수 있습니다. 회원으로 직접 추가할 수 있는 **개인과 그룹 한도는 600개입니다.**

한도 계산 시 그룹과 개인 모두 각각 한 회원으로 간주합니다. **총 개인 수 한도는 50,000명입니다**(직접 회원 또는 Google 그룹 멤버십으로 말미암은 간접 회원). 공유 드라이브의 직접 회원으로 추가하고 여러 그룹에 회원으로 설정한 개인은 한 명으로 간주합니다.

대규모 조직이라면 이 한도에 도달하지 않도록 해야 합니다. 공유 드라이브 멤버십은 개별 사용자 수준이 아닌 구글 그룹 수준으로 관리하므로 공유 드라이브는 일반 용도의 파일 저장 공간이 아닌 특정 프로젝트별로 구성해야 합니다.

4.4 구글 드라이브 활용 팁

보안 문서 공유 시 재공유 방지 방법

사내에서 보안이 요구되는 문서를 사내 특정인에게만 공유하고자 할 때 공유 받은 사람이 링크 정보를 다른 사용자와 재공유할 수 있습니다. 이때 보안이 요구되는 문서라면 사내 특정인(이메일로 지정한)에게만 공유하고 공유 받은 사람이 이를 다른 사용자와 재공유를 하지 못하도록 해야 합니다.

보안 문서 소유자는 다음 절차로 설정하여 공유합니다. 소유자 charly.choi@charlychoi.com가 사내의 kim.cs@charlychoi.com에게 보안 문서를 공유할 때 특정인을 지정하여 반드시 제한됨을 선택합니다.

→ 보안 문서 재공유 방지

다른 사용자와 공유 설정 아이콘(⚙️)을 클릭한 다음 **편집자가 권한을 변경하고 공유할 수 있습니다.**의 체크를 해제합니다.

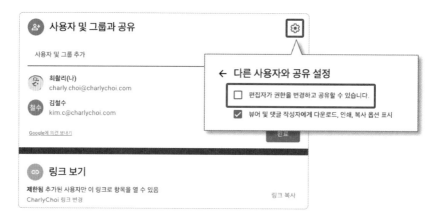

→ 다른 사용자의 권한을 제한

그러면 공유 받은 사람(예: kim.cs@charlychoi.com)이 더는 추가 공유 옵션을 설정할 수 없도록 공유 설정 옵션이 자동으로 비활성화됩니다.

→ 공유 설정 옵션 비활성화

회사에서 특별히 보안이 요구되는 문서는 팀장 또는 부서장이 보안 문서의 소유자 권한을 갖고 위와 같은 설정을 한 후 사내 특정인을 지정하여 공유하면 공유 받은 특정인이 해당 문서를 링크로 재공유하는 것을 막을 수 있습니다.

외부 협력 업체와 공유 드라이브 공유하는 방법

공유 드라이브가 출시되기 전까지는 구글 드라이브 용량을 협력 업체(또는 개인 Gmail 계정의 사용자 포함)와 공유할 수 없었습니다.

구글 드라이브의 **내 드라이브**는 철저하게 계정별로 소유권이 관리되는 구조이므로 협력 업체와 협업을 위해서 내 드라이브를 공유할 때는 별도의 Google Workspace 계정을 만들어 제공하거나 유료 웹하드 서비스에 가입한 후 게스트 계정을 만들어 공유하는 방법을 주로 사용했습니다.

이제는 유료 웹하드 서비스나 드롭박스와 같은 서드파티 서비스를 사용할 필요 없이 공유 드라이브를 사용하면 협력 업체와 함께 공유하여 사용할 수 있습니다. 협력 업체에서도 자료를 생성하거나 자유롭게 올릴 수 있습니다.

회사에서 정한 보안 정책에 따라서 구글 드라이브 내의 모든 자료를 외부 업체와 공유하거나 전달할 수 있습니다. 외부 업체에 Google Workspace 계정이 없어도(단, 무료 구글 계정은 필요) 자료를 주고받을 수 있다는 것이 구글만의 장점입니다.

구글 Gmail 계정이 없는 외부 협력 업체와 자료를 공유하는 가장 좋은 방법은 무료 구글 드라이브(개인당 15GB 제공) 서비스에 가입하여 이를 활용하는 것입니다. 이때 별도의 무료 Gmail 계정을 만들지 않아도 기존에 사용하던 이메일 그대로 가입할 수 있습니다. 가입은 다음 사이트*에서 간단하게 가입할 수 있으며 가입 시 등록하는 이메일 주소는 개인 Gmail 주소가 아닌, 기존에 사용하는 어떠한 메일도 상관없이 등록할 수 있습니다.

Google 계정 만들기

https://bit.ly/2MULNHj

→ 기존 이메일 주소로 계정 만들기

공유 드라이브에서는 공유 폴더를 생성한 다음, 공유할 멤버로 외부 사용자를 지정할 수 있습니다. 이때 Google Workspace를 사용하지 않아도 무료

Gmail 계정을 보유하고 있거나 기존 이메일을 이용하여 구글 계정을 생성한 외부 사용자는 모두 공유 드라이브의 팀 폴더를 공유할 수 있습니다.

공유 드라이브의 팀 폴더가 구글 계정 사용자에게 공유되면(멤버로 외부 구글 계정 추가) 공유 받은 사람은 내 계정의 구글 드라이브에 공유 드라이브 메뉴가 자동으로 생깁니다. 이 사용자는 이 공유 드라이브에 새로운 팀 폴더를 생성할 수는 없으나 공유 받은 팀 폴더에서는 자유롭게 폴더나 로컬 PC의 폴더와 파일을 올릴 수 있습니다(수정 또는 전체 권한 부여 시). 이때 공유한 폴더에 올린 모든 자료의 소유권은 공유 드라이브의 공유 폴더를 생성하여 공유한 사람이 갖습니다.

예를 들어 공유 드라이브에 '협력 업체-A' 폴더를 생성하고 해당 폴더에 새 멤버로 외부 사용자(예: hsikchoi@gmail.com)를 추가할 때는 외부 계정 멤버의 접근 권한을 전체 권한 또는 수정 권한(파일 생성이나 수정은 가능하나 삭제는 불가능) 중 하나로 지정해야 합니다.

→ 로그인한 외부 사용자의 공유 드라이브

이로써 공유 드라이브의 외부 공유 기능을 통해서 외부 협력 업체와 자유롭게 공유하여 사용할 수 있게 되었습니다.

분리된 파일 현상과 복원 방법

구글 드라이브에서 내 드라이브 사용 시 많은 파일과 폴더를 생성하여 협업 동료 간에 공유해서 사용하는 경우 예상치 못하게 내가 생성한 파일 또는 폴더가 갑자기 사라지는 현상이 발생할 수 있습니다. 이 현상은 공유 드라이브 사용 시에는 발생하지 않습니다.

분명히 파일이나 폴더를 지우지 않았는데도 휴지통에 없는 이러한 현상이 발생했다면 해당 폴더나 파일이 상위 폴더와 분리되었을 가능성이 큽니다. 분리된 파일은 어떠한 폴더에도 속하지 않고 내 휴지통에도 존재하지 않고 내 PC의 동기화 프로그램으로도 동기화되지 않습니다. 그러나 구글 드라이브에서는 용량을 계속 차지하는 상태입니다. 간혹 삭제한 적이 없는 파일이 없어졌거나 폴더가 보이지 않을 때는 당황하지 않고 이 내용을 참조하면 해답을 찾을 수 있습니다.

홍길동이 '영업부' 폴더와 하위 폴더로 '2월 보고서'를 생성하고 나서 '2월 보고서' 폴더에 '2월15일 영업부 실적.xlsx' 파일을 생성합니다. 그리고 '영업부' 폴더를 김철수에게 편집 권한을 주고 공유합니다. 만일 김철수가 '2월 보고서' 폴더를 실수로 또는 고의로 삭제하면 홍길동이 생성한 '2월15일 영업부 실적.xlsx' 파일은 사라지게 됩니다. 이 파일은 홍길동과 김철수 휴지통에도 보이질 않습니다. 이렇게 된 상태를 '분리된 파일'이라 합니다.

이럴 때는 구글 드라이브 위 검색창에서 해당 항목을 검색합니다. 분리된 항목이 있다면 소유한 전체 항목 목록에서 찾을 수 있습니다. 구글 드라이브 검색창에서 오른쪽 검색 옵션(▼)을 클릭한 다음 소유자에서 내가 소유한 항목을 선택하고 검색합니다.

→ 구글 드라이브 검색 옵션

최근에 해당 파일에 접근한 경우 왼쪽 탐색 메뉴에서 최근 문서함을 클릭한
다음 파일을 찾습니다.

분리된 파일이나 폴더를 찾아서 복원하려면 소유자의 드라이브 검색창에
서 'is:unorganized owner:me'로 검색을 시도해 본 후 검색 결과가 나오면 해당
파일이나 폴더를 선택하여 원하는 폴더로 이동하면 됩니다.

최근 구글 드라이브가 업데이트되면서 분리된 파일 현상은 발생하지 않고,
대신에 해당 현상이 발생하면 구글 드라이브의 '내 드라이브' 아래에 모두 옮
겨집니다.

공유 파일이나 폴더 이동 시 주의 사항

구글 드라이브에서 나에게 공유 파일이나 폴더를 이동할 때 발생할 수 있
는 상황과 이와 관련하여 취할 조치를 알아봅니다.

구글 드라이브에서는 파일이나 폴더는 새 위치로 드래그하거나 항목을 선택한 다음 이동 폴더 아이콘을 클릭하여 이동할 수 있습니다. 이때 공유된 폴더에서 파일이나 폴더를 내 드라이브(또는 다른 폴더)로 이동하면 복사되는 것이 아니고 이동됩니다. 그러므로 이동한 콘텐츠는 공유된 폴더에서는 사라지므로 더는 이동된 파일이나 폴더가 표시되지 않습니다. 이와 함께 이동한 콘텐츠에 대해 공유 폴더에서 상속된 모든 권한은 삭제되고 파일이나 폴더에 명시적으로 설정된 권한과 함께 대상 폴더에서 새로운 권한이 상속됩니다.

파일 이동 시 알림

사용자가 공유 폴더에서 내 드라이브로 파일을 이동하는 경우 이동을 실행하기 전에 사용자에게 경고를 표시합니다. 이 경고는 실수로 파일을 이동하여 다른 사용자가 접근할 수 없게 되는 위험을 줄이는 데 도움이 됩니다.

→ 파일 이동 시 경고 메시지

또한, 내 드라이브에 있는 파일이나 폴더에 대한 활동을 추적하여 파일을 이동할 때 알림을 비롯한 변경사항 기록을 볼 수 있습니다. 즉, 내 드라이브에서 폴더를 공유하고 다른 사용자가 이 공유 폴더에 있는 항목을 외부로 이동한 경우 활동 기록에 파일이 삭제되었다는 알림이 표시됩니다. 알림에는 파일을 언제, 누가 이동했는지에 대한 정보도 포함됩니다.

이처럼 작동하는 이유

구글 드라이브는 특정 위치에 파일이 있다는 것을 나타내고자 폴더 개념을 사용합니다. 따라서 한 폴더에서 다른 폴더로 파일을 드래그하면 한 폴더에서 파일이 삭제되고 다른 폴더로 추가됩니다. 파일이 공유 폴더에서 상속받은 모든 권한은 없어지고 새 폴더의 모든 권한이 상속됩니다. 이것은 Gmail에서 라벨이 작동하는 방법이나 컴퓨터 운영체제에서 바로 가기가 작동하는 방법과는 다릅니다.

구글 드라이브가 이런 방식으로 작동하는 이유는 사용자가 하나의 파일을 여러 개의 폴더에 넣을 수 있도록 허용할 경우 공유나 삭제에 문제가 발생할 수 있기 때문입니다. 또한, 사용자가 삭제, 수정 또는 공유하는 파일에 발생할 수 있는 상황을 명확하게 파악할 수 없습니다.

조직이 수행해야 하는 작업

공유 폴더 구조를 광범위하게 사용하는 조직이 아니라면 특별한 조치가 필요하지 않을 수 있습니다. 그러나 공유 폴더를 광범위하게 사용하는 조직은 이럴 때 다양한 방법으로 대처해야만 합니다. 최선의 해결 방법은 상황마다 다를 수 있습니다.

첫째, 공유 폴더에 대한 접근 권한을 보기 가능으로 제한합니다. 폴더 보기 권한만 있는 사용자는 폴더에서 파일을 삭제하거나 추가할 수 없습니다. 이는 일부 사용자가 공유 폴더에서 콘텐츠를 추가 또는 삭제하지 못하게 하는 가장 안전한 방법입니다. 하지만, 이렇게 하려면 공유 폴더에 대해 공유 설정을 수정할 수 있는 사용자를 구별할 수 있는 절차를 마련해야 합니다. 또는 공유 폴더에 수정 권한을 부여할 때 주의를 기울이도록 사용자에게 알리는 것이 좋습니다.

둘째, 공유된 폴더에 이미 있는 파일이나 폴더를 내 드라이브로 함부로 이동하지 말아야 합니다. 파일을 이동하면 이 파일은 폴더에서 삭제됩니다. 공유 폴더에서 콘텐츠가 삭제되지 않게 하려면 공유 문서함 영역에서 내 드라이브로 파일을 이동하지 않도록 사용자에게 알려야 합니다.

셋째, 공유 문서함은 폴더가 아니므로 최상위 항목을 공유 문서함에서 내 드라이브로 안전하게 이동할 수 있으며 이는 폴더 외부로 항목을 이동하지 않는 한 다른 사람에게 영향을 미치지 않습니다. 하지만, 공유 문서함에서 폴더를 클릭한 다음 하위 폴더의 항목을 내 드라이브로 드래그하면 내 폴더와 다른 사용자의 폴더에서 해당 항목이 사라집니다. 일부 기업에서는 사용자가 실수로 공유 폴더를 이동하는 것을 방지하기 위해 파일을 내 드라이브로 절대 드래그하지 않도록 안내해야 합니다. 이와 같은 현상은 모두 구글 드라이브에서 내 드라이브를 사용하여 협업 동료와 폴더나 파일을 공유할 때 주로 발생하는 현상입니다.

이러한 문제를 해결하는 가장 좋은 방법은 **공유 드라이브**를 사용하는 것입니다. 즉, 조직 내에서 협업을 위하여 동료와 폴더나 파일을 공유할 때는 반드시 공유 드라이브를 활용해야 합니다(공유 드라이브는 Google Workspace Standard 버전 이상에서만 사용 가능). 자세한 내용은 '**4.3 공유 드라이브**'를 참고하기 바랍니다.

파일의 소유권 이전/복사/바로 가기 차이점

구글 드라이브에서 파일이나 폴더를 생성한 후 다른 사람과 공유하여 협업할 때는 몇 가지 주의 사항과 반드시 알아야 할 사항이 있습니다. 다음은 다른 직원이 나에게 공유한 파일 또는 폴더를 내 드라이브로 이전하거나 삭제할 때의 주의 사항입니다.

파일 바로 가기 만들기

공유된 파일을 내 드라이브 안에서 이동할 때는 마우스로 드래그하여 다른 폴더로 이동하면 안 됩니다. 이렇게 이동한 파일은 공유한 소유자의 폴더와 공유된 모든 팀원의 폴더에서 사라지게 됩니다(이렇게 사라진 파일을 분리된 파일이라 함). 이러한 현상 때문에 문서를 생성한 소유자도 해당 폴더에서 파일이 사라지는 현상이 발생합니다.

공유된 파일을 내 드라이브의 다른 폴더로 이동할 때는 반드시 Ctrl 키(맥은 Option 키)와 ⇧Shift 키를 누른 채 마우스로 드래그하여 바로 가기를 추가합니다(또는 파일을 선택하고 나서 ⇧Shift + Z 로 원하는 곳에 바로 가기 추가).

바로 가기 파일의 의미는 원본은 본래의 위치에 그대로 있고 내 드라이브에 가상 파일(링크 정보만 갖는)을 추가하는 것입니다. 즉, 소유자의 파일을 복사하여 사본을 만드는 것이 아니고 파일의 링크 정보만 다른 곳에 추가로 만드는 것입니다. 가상 파일을 수정하면 원본도 자동으로 수정됩니다. 그러나 가상 파일을 삭제하더라도 원본 파일은 삭제되지 않습니다.

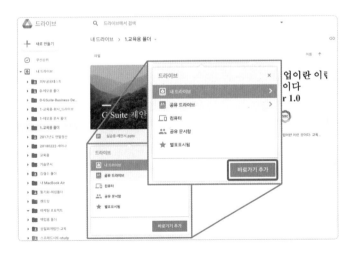

→ Shift + Z로 바로 가기 추가

만든 바로 가기 파일을 선택하고 세부 정보 보기(ⓘ)를 클릭하면 다음처럼
바로 가기 유형임을 확인할 수 있습니다.

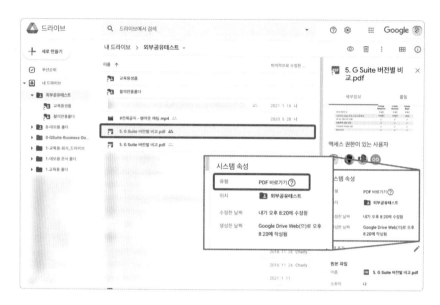

→ 바로 가기 파일의 유형

소유권 이전과 사본의 차이점

구글 드라이브의 가장 큰 특징의 하나는 **소유자**가 있다는 것입니다. 소유자
만이 생성한 문서나 폴더를 삭제할 수 있습니다. 파일의 공유 설정 정보를 보
면 소유자가 누구인지 공유 받은 자가 누구인지 표시됩니다. 소유자는 원하
는 사람에게 문서의 소유권(같은 도메인에 구글 계정을 가진 사람만 해당)을 넘길
수 있습니다.

회사에서 퇴사자가 생기면 퇴사자의 드라이브 내의 모든 파일의 소유권을
같은 조직의 다른 사람에게 넘길 수 있습니다. 일부분만 넘기려면 퇴사자가
직접 내 드라이브에서 선택적으로 문서 나 파일을 선택하여 소유권 이전 작

업을 해야 합니다(드라이브를 복사하는 것이 아니고 소유권을 넘기는 것).

문서를 복사해서 사본으로 만들어 전달하는 것과 소유권을 넘기는 것에 큰 차이점은 복사해서 사본을 만들 경우 원본에 있는 수정 기록과 버전 기록, 댓글 기록 등이 모두 사라진다는 데 있습니다. 소유권을 넘긴다는 것은 사본이 아닌 원본의 소유권을 넘기는 것입니다. 그러므로 소유권을 이전해도 기존에 존재하는 모든 기록 정보(수정 기록이나 버전 기록, 댓글 기록 등)가 그대로 남습니다.

Google Workspace에서 소유권 이전은 같은 도메인 내에서만 허용됩니다.

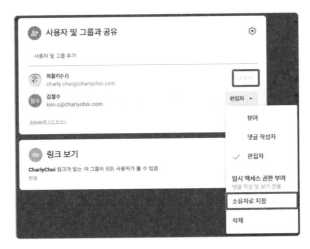

→ 소유권 넘기기

참고로 파일 사본과 파일 바로 가기(Ctrl + ⇧Shift +마우스 드래그)에는 차이점이 있습니다. 구글 드라이브의 또 다른 특징의 하나는 파일 바로 가기 기능입니다. 일반적인 파일 복사는 물리적으로 또 다른 사본을 복사하는 것이지만, 바로 가기는 하나의 원본에 대해 링크 정보만 다른 폴더에 생성하도록 하는 것입니다. 바로 가기 파일은 원하는 만큼 여러 폴더에 추가할 수 있고 해당 가상 파일을 수정하면 원본도 동시에 수정됩니다.

새로운 기능(구글 드라이브용 라벨)으로 견적서나 계약서 효율적 관리 방법

구글 드라이브에는 구글이 개발한 강력한 검색 기능이 있습니다. 구글 문서뿐만 아니라 MS 오피스 문서, PDF, 이미지(텍스트를 포함한 이미지 검색도 가능), HWP 문서 등 각종 문서나 파일 내용을 검색할 수 있다는 것이 특징입니다.

그러나 때에 따라서는 구글 드라이브에서 검색 시 결과가 너무 많아서 원하는 결과를 쉽게 찾지 못하기도 합니다. 또한, 파일은 있는데 검색으로는 못 찾을 때도 있습니다. 예를 들면, 영업부에서는 고객에게 전달했던 견적서 중에서 제품 가격을 표준 가격보다 10% 싸게 보낸 견적서와 이를 받아본 고객이 누구인지 알고 싶을 때가 있습니다. 이럴 때 법무팀에서는 계약서 중에서 초안 상태, 또는 서명 대기 중에 있는 계약서만 찾을 수 있습니다. 이뿐만 아니라 이미 결재 완료된 문서를 관리하는 부서에서는 결재가 완료되고 상신자가 '홍길동'인 파일을 찾고자 할 수 있습니다.

현재는 구글 드라이브에서 제공하는 검색 기능만으로는 이와 같은 사례를 만족할 수 없습니다. 구글은 사용자의 이러한 복잡한 검색을 만족하고자 구글 드라이브 안에 **메타 데이터/라벨 기능**을 추가할 예정입니다(2021년 6월 기준 베타 서비스 중).

구글 드라이브 메타 데이터/라벨을 사용하면 비즈니스나 학교 전체에서 일관된 방식으로 드라이브의 파일과 폴더에 맞춤 라벨과 속성을 추가할 수 있습니다. 이렇게 하면 사용자는 조직에 의미 있는 키워드를 사용하여 콘텐츠를 검색할 수 있습니다.

메타 데이터란 무엇입니까?

메타 데이터는 파일에 대한 부가 정보입니다. 구글 드라이브에서 메타 데이터는 조직의 일반적인 파일에 매핑되는 라벨로 구성됩니다(라벨은 일반적인 메타 데이터 용어인 '스키마'와 같습니다).

계약서 관리하기

'계약서 관리'라는 라벨을 생성합니다. '계약서 관리'는 '유형', '회사', '상태', '만기일' 속성을 가질 수 있습니다. 각 속성에 데이터 유형(숫자, 날짜, 사람, 텍스트 또는 선택)을 지정합니다. 유형이 선택일 때 가능한 값을 정의합니다. 예를 들어 계약서의 상태 속성은 초안, 서명 대기 중, 거부됨, 서명됨 또는 만료 중 하나일 수 있습니다.

견적서 관리하기

'견적서' 라벨을 만들 수 있습니다. 견적서는 '제품명', '가격', '업체명', '견적 날짜' 등의 속성을 가질 수 있습니다. 구글 드라이브에서 견적서를 작성하고 배포 후 관리를 위해서 '견적서' 라벨을 생성하고 이 라벨에 '제품명', '가격', '업체명', '견적 날짜' 등 4개의 속성을 갖도록 할 수 있습니다.

→ 문서에 라벨과 속성 지정

다음처럼 드라이브에서 견적서 검색 시 라벨에서 '견적서'를 선택한 후 해당 속성값별로 검색할 수 있습니다.

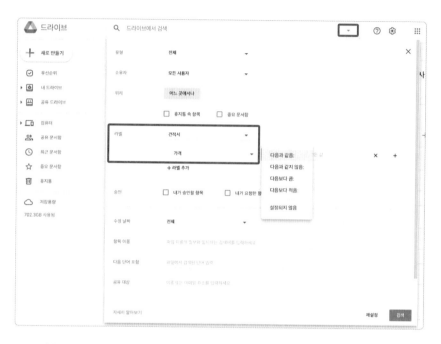

→ 문서에 지정한 라벨과 속성으로 검색

전자결재(승인/거부) 서비스와 연계한 결재 문서 관리

구글 드라이브에서 제공하는 전자결재 서비스(2021년 6월 기준 베타 서비스 중)와 연계하여 라벨 '결재 문서 관리' 라벨을 만들 수 있습니다. '결재 문서 관리' 속성에는 '상신자(이름)', '진행 상태(초안/진행 중/결재 완료)' 등이 있을 수 있습니다. 결재를 요청한 문서가 결재 진행 중일 경우는 해당 '결재 문서 관리' 항목에서 상신자('홍길동'), 진행 상태('진행 중')를 입력합니다. 결재 완료된 경우는 진행 상태('결재 완료') 속성을 갖도록 합니다.

→ 전자결재와 연계한 문서 관리

결재 문서 관리자는 상신자 이름 또는 결재 진행 상태 속성으로 문서를 검색할 수 있습니다.

→ 결재 관련 정보로 검색한 모습

구글 드라이브에서 라벨을 사용하기 위한 설정

조직의 모든 사람을 대상으로 일반적인 파일을 라벨별로 분류할 수 있습니다. 관리자는 모든 사용자가 자신의 파일에 적용할 수 있는 라벨을 만들 수 있습니다. 팀 콘텐츠에 관련 라벨 정의하고 범위 지정 관리자나 사용자(허용하는 경우)는 공유 드라이브에서만 사용할 라벨을 만들 수 있습니다. 공유 드라이브 관리자는 공유 드라이브 멤버가 선택할 수 있는 라벨을 지정할 수 있습니다(해당 기능은 2021년 6월 기준 베타 서비스 중).

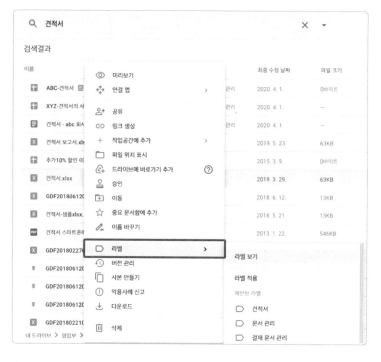

→ 드라이브의 파일을 선택하여 라벨을 지정하기

라벨(예: 견적서)을 지정하면 해당 라벨의
입력란(속성)이 표시되고 해당 입력 값을 입
력하여 관리합니다.

그런 다음 조직의 사용자는 라벨과 입력
란을 이용해 콘텐츠를 찾을 수 있습니다.
예를 들어 드라이브 검색 옵션을 사용하여
견적서 중에서 10,000원 이상을 제시한 문
서를 찾을 수 있습니다.

→ 라벨로 파일 관리하기

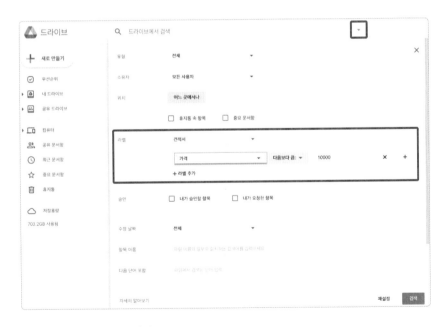

→ 라벨을 이용하여 문서 검색하기

구글 드라이브에서 라벨을 사용하려면 Google Workspace 관리자가 관리 콘솔에 접속하여 다음과 같이 설정해야 합니다.

① Google 관리 콘솔(admin.google.com)에 관리자로 접속합니다.

② 앱 → Google Workspace → Drive 및 Docs로 이동합니다.

③ 라벨 설정을 선택합니다.

편집할 수 있는 파일이나 폴더에 라벨을 적용하고 입력란(속성)을 편집합니다. 볼 수는 있지만 편집할 수 없는 파일에 적용된 라벨은 추가하거나 편집할 수 없습니다. 드라이브 검색 옵션을 사용하여 특정 라벨 또는 입력란(속성)을 가진 콘텐츠를 찾으면 사용자가 접근할 수 있는 파일과 폴더만 찾습니다. 라벨 사용 중지를 선택하면 라벨과 속성이 숨겨지며 파일을 만들거나 업데이트 할 때 파일에 적용하거나 검색에 사용할 수 없습니다. 기존 메타 데이터가 남아 있으므로 라벨을 다시 사용하도록 설정하면 다시 표시됩니다.

④ 설정이 끝났다면 저장을 클릭합니다.

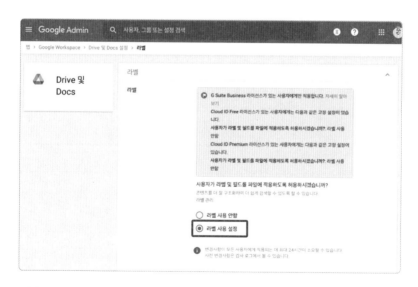

→ 관리 콘솔에서 라벨 사용 설정

사용자가 라벨을 만들 수 있는지 선택

기본적으로 사용자는 공유 드라이브 안에서 새 라벨을 만들 수 있습니다.

① 관리 콘솔(admin.google.com)에 관리자로 접속합니다.

② 앱 → Google Workspace → Drive 및 Docs로 이동합니다.

③ 공유 드라이브 라벨 선택합니다.

④ 일부 사용자만 기능을 사용하려면 왼쪽에서 조직 단위를 선택합니다(그렇지 않으면 모든 사람에게 적용).

⑤ 사용자가 공유 드라이브용 새 라벨을 만들 수 있는지를 선택합니다.

⑦ 설정이 끝났다면 저장을 클릭합니다.

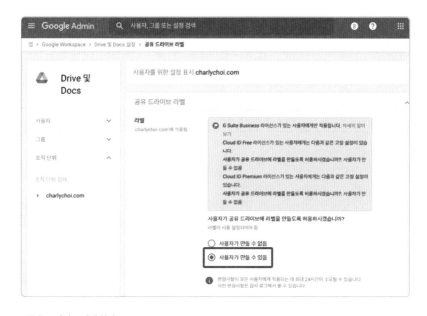

→ 공유 드라이브 라벨 설정

새로운 라벨을 만들 수 없더라도 조직의 공유 드라이브 관리자는 회원이 사용할 수 있는 공유 드라이브 라벨을 선택할 수 있습니다. 이렇게 하면 공유 드라이브 회원이 볼 수 있는 라벨을 필터링할 수 있습니다. 예를 들어 조직에 여러 개의 '프로젝트 계획' 라벨이 있을 때 유용할 수 있습니다. 프로젝트 계획의 속성은 엔지니어링, 마케팅, 교육팀마다 다를 수 있습니다.

조직의 라벨 생성

메타 데이터 라벨 관리 권한이 있는 관리자라면 전체 조직 또는 공유 드라이브에 대한 라벨을 만들 수 있습니다. 최종 사용자는 공유 드라이브용 라벨을 만들 수도 있으므로 https://drive.google.com/labels에서 라벨 편집기를 사용하여 라벨을 생성할 수 있습니다.

라벨	입력한	라벨 제안 대상	만든 사람	마지막으로 수정한 날짜	상태	
Status	1	공유 드라이브	김철수	3월 25일 최찰리	게시됨	⋮
견적서	4	공유 드라이브	최찰리	3월 25일 최찰리	게시됨	
결재 문서 관리	2	공유 드라이브	최찰리	2019. 8. 2. 최찰리	게시됨	
문서 관리	1	공유 드라이브	최찰리	2019. 7. 31. 최찰리	게시됨	
문서상태	1	공유 드라이브	김철수	3월 25일 최찰리	게시됨	
상태	1	공유 드라이브	최찰리	3월 25일 최찰리	게시됨	⋮

→ 공유 드라이브용 라벨 만들기

관리자가 라벨을 만들면 라벨에 이름을 부여한 후 가시성을 공유 드라이브 또는 모든 파일과 위치로 설정하는 옵션이 표시됩니다. 사용자가 라벨을 만들면 공개 설정은 항상 공유 드라이브로 설정됩니다.

공개 설정은 라벨을 보는 사람을 결정합니다. 공유 드라이브 관리자가 공유 드라이브의 라벨을 선택하면 조직의 모든 게시된 라벨을 볼 수 있습니다. 공유 드라이브 사용자가 파일에 라벨을 적용하면 공유 드라이브 관리자가 생성하거나 선택한 공유 드라이브 라벨만 표시됩니다. 또한, 모든 파일 및 위치 표시가 있는 라벨이 표시됩니다. 사용자가 내 드라이브의 파일에 라벨을 적용하면 관리자가 만든 라벨과 모든 파일 및 위치에 표시됩니다.

참고로 조직 외부의 사람은 자신이 편집할 수 있는 파일에 적용되었더라도 드라이브 메타 데이터를 볼 수 없습니다. 또한, 외부 사용자는 라벨 또는 속성을 사용하여 파일을 검색할 수 없습니다.

메타 데이터 모범 사례

다음은 메타 데이터 환경을 최적화하기 위한 몇 가지 제안 사항입니다.

라벨당 4개 이하의 입력란(속성)을 만드는 것을 권고합니다. 라벨을 만들기 전에 이미 사용할 수 있는 라벨이 있는지 확인하시기 바랍니다. 사용자가 볼 수 있는 비슷한 라벨이 적을수록 더 나은 선택을 할 가능성이 커집니다. 팀원이 더 유용한 옵션을 선택할 수 있도록 공유 드라이브용 라벨을 생성하고 이를 사용하기 바랍니다.

라벨 이름 및 선택 옵션에서 기밀 정보는 피하는 것이 좋습니다. 게시된 라벨은 조직의 모든 관리자와 공유 드라이브 관리자가 사용할 수 있습니다. 새 라벨을 게시하기 전에 각 입력란의 유형을 확인하시기 바랍니다. 라벨이 게시되면 입력란 유형을 변경할 수 없습니다. 사용자가 입력란에 대해 여러 값을 선택할 수 있는지도 변경할 수 없습니다.

다른 방법으로 게시된 라벨을 변경하는 것에 대해서도 신중해야 합니다. 변경 사항은 라벨이 이미 적용된 모든 파일에 영향을 미치며 여기에는 사용자가 모르는 내용이 포함될 수도 있습니다. 예를 들어, 라벨이 있는 파일은 새 파일 소유자가 있거나 다른 공유 드라이브에 있을 수 있습니다.

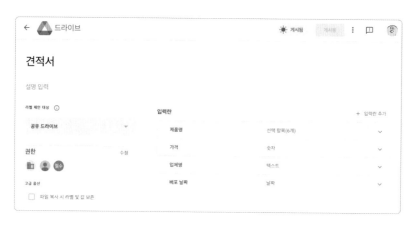

→ 특정 문서 라벨 입력과 관리

공유 대상 그룹 활용하기

기업 내부에서 구글 드라이브의 문서나 파일 공유 시 실수로 공유 대상자를 잘못 입력하여 공유하는 경우가 발생할 수 있습니다. 이를 방지하고자 구글 드라이브에서는 **공유 대상 그룹**이라는 기능이 새롭게 추가되었습니다.

> 이 기능은 Google Workspace Business Standard 및 Plus 버전, Enterprise 버전, Google Workspace for Education Plus 버전, G Suite Business 에서만 제공됩니다.

공유 대상 그룹을 활용하면 다음과 같은 장점이 있습니다.

데이터 보안과 개인정보 보호 개선

공유 대상 그룹을 사용하면 사용자의 항목 공유 범위를 더 효과적으로 관리할 수 있습니다. 사용자가 파일이나 기타 항목을 실수로 과도하게 공유할 가능성이 줄어들어 조직의 데이터 보안과 사용자 데이터의 개인정보 보호를 강화할 수 있습니다.

사용자의 적절한 공유 지원

공유 대상 그룹을 설정하면 사용자가 공유나 접근 요청에 응답하기 위해 그룹 또는 특정 사용자를 입력해야 할 필요성이 줄므로 편리합니다. 대신 공유 대상 그룹은 관리자가 승인한 그룹이므로 사용자는 보안 걱정 없이 손쉽게 항목에 대한 접근 권한을 확대할 수 있습니다.

공유 대상 그룹이란?

공유 대상 그룹은 사용자에게 항목을 공유하도록 권장할 수 있는 부서나 팀 등의 사용자 그룹입니다. 구글 드라이브와 같은 구글 서비스에서 사용자의 공유 설정에 타깃층을 추가하면 사용자가 전체 조직이 아닌 특정 대상과 항목을 공유하도록 할 수 있습니다. 관리자가 추천하는 대상과 공유를 설정함으로써 공유를 더 효과적으로 관리하면서도 사용자가 파일이나 기타 항목을 실수로 과도하게 공유할 가능성이 줄어들어 조직의 데이터 보안을 강화할 수 있습니다.

또한, 사용자에도 타깃층을 설정하면 항목을 공유할 그룹과 사용자를 입력하고 접근 요청에 응답할 필요성이 줄어들어 편리합니다. 예를 들면, 현재 구글 드라이브의 파일이나 문서 공유 시 공유 옵션에는 사용자 및 그룹을 지정하여 공유하거나 제한됨, 회사 내부 도메인, 링크가 있는 모든 사용자에게 공개를 선택할 수 있습니다.

공유 대상 그룹 기능은 다음 공유 문서와 같이 드라이브 내의 파일이나 문서 공유 시 Google Workspace 관리자가 지정한 대상 그룹을 선택할 수 있도록 한 것입니다. 대상 그룹은 반드시 Google Workspace 관리자만이 만들고 멤버를 관리할 수 있습니다.

다음 예는 연구소 부서에서 파일 공유 시 공유 옵션에 관리자가 생성한 연구소 내부 공유 전용 대상을 선택하여 공유의 범위를 조금 더 구체화해 선택하도록 한 것입니다.

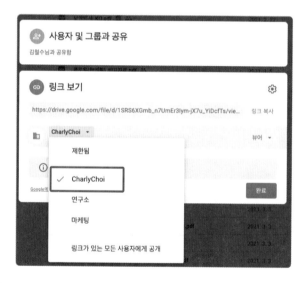

→ 그룹을 대상으로 공유

대상 그룹 만들기(관리자용)

Google Workspace 관리자는 Google Workspace 관리자 콘솔(admin.google.com)에 접속한 후 왼쪽 위의 기본 메뉴(▤)를 클릭하고 디렉터리 → 대상 메뉴를 선택하여 대상을 만듭니다.

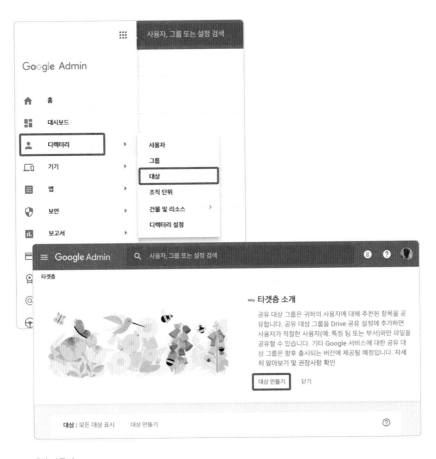

→ 대상 만들기

회원 추가에서 회원 멤버나 그룹을 지정하여 추가합니다. 회원으로는 개인 또는 그룹스를 지정할 수 있습니다.

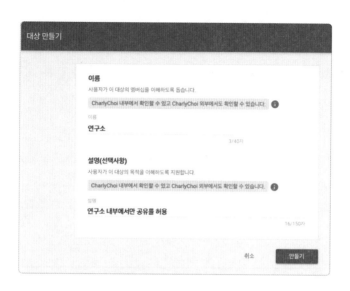

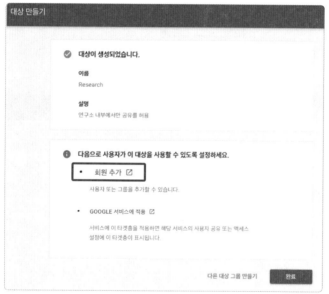

→ 만든 대상에 회원 추가

대상을 만든 후에도 원하는 회원을 추가할 수 있습니다.

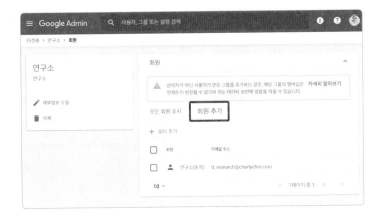

→ 기존 대상에 회원 추가

회원 추가 완료 후 반드시 구글 서비스에 추가해야 합니다. 현재는 구글 드라이브만 선택할 수 있습니다(향후에는 다른 Google Workspace 서비스도 타깃 대상으로 추가될 예정).

→ 구글 드라이브에 만든 타깃층 추가

이후 사용자는 다음과 같이 구글 드라이브 파일 공유 시 공유 대상 그룹을 선택하여 공유할 수 있습니다.

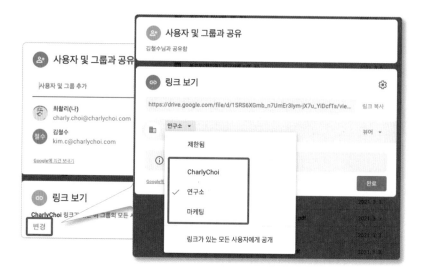

→ 대상 그룹을 선택하여 파일 공유

제5장

구글 Meet

구글이 G Suite에서 Google Workspace로 전환하면서 가장 많이 업그레이드한 서비스는 **화상 회의 솔루션**인 구글 Mee입니다. Google Workspace의 핵심 서비스에 포함된 구글 Meet는 원격, 재택근무, 온라인 교육, 온라인 인터뷰 등 온라인 화상 회의를 위하여 다시 설계한 서비스입니다. Google Workspace는 원격에서 근무하는 직원과의 협업 시 작업 환경에 따른 다양한 화상 회의 참여 방법을 제공합니다.

이 외에도 다수(최대 250명까지)를 상대로 **양방향 온라인 학습, 온라인 인터뷰** 또는 **웨비나**(웹 세미나)를 진행할 수도 있고 최대 10만 명까지(같은 도메인 사용자 대상) 단방향 스트리밍 웨비나 또는 강의를 진행할 수도 있습니다.

5.1 구글 Meet로 화상 회의 시작하는 4가지 방법

협업하는 상태와 온라인 환경에 따라서 구글 Meet로 화상 회의 또는 온라인 웨비나를 시작하는 방법에는 4가지가 있습니다.

① Gmail 안에서 시작하기

이메일 또는 채팅으로 협업하는 경우 Gmail 안에서 즉시 화상 회의를 주최하고자 할 때 새 회의 메뉴로 시작할 수 있습니다.

→ 새 회의 공유

캘린더에 이미 예정된 화상 회의에 참여하고자 할 때는 내 회의 메뉴로 참여할 수 있습니다.

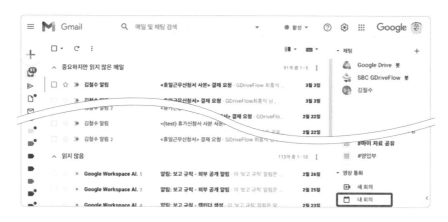

→ 예정된 일정에 따른 화상 회의 참여

Gmail 내 채팅, 채팅방에서 멤버간 채팅하는 동안 화상 회의를 시작할 수도 있습니다.

→ 채팅방에서 화상 회의 시작

② 캘린더에서 시작하기

캘린더에 약속된 일정을 만들고 회의 참여자를 초청하여 화상 회의를 하고자 할 때 사용합니다. 회의 참여자에게는 캘린더 초대장이 전송되고 캘린더 초대에 응답하여 화상 회의에 참여합니다.

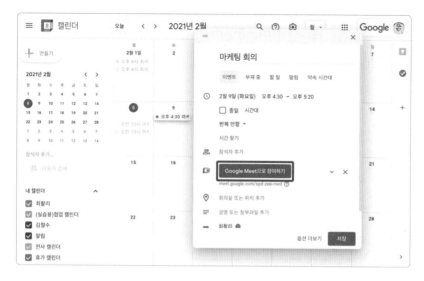

→ 캘린더에서 화상 회의 참여

③ 구글 Meet(meet.google.com)에서 시작하기

　주로 화상 회의 참여만 할 때 사용합니다. 닉네임으로 회의를 생성 후 참여자를 초대하여 화상 회의를 할 경우에도 사용합니다.

→ Meet 사이트에서 화상 회의 시작

④ 스마트폰에서 시작하기

　외부에서 원격 근무 시 컴퓨터가 없는 경우 모바일로 참여할 수 있습니다. 스마트폰용 Gmail 앱을 사용하면 화상 회의에 참여할 수 있습니다.

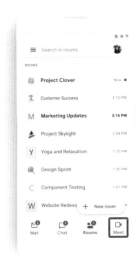

→　스마트폰으로 화상 회의 참여

5.2　구글 Meet의 주요 기능

　최대 250명이 동시에 참여할 수 있으며 한 화면에는 **최대 49명**까지 타일 형태 보기로 양방향 회의 또는 강의를 진행할 수 있습니다.

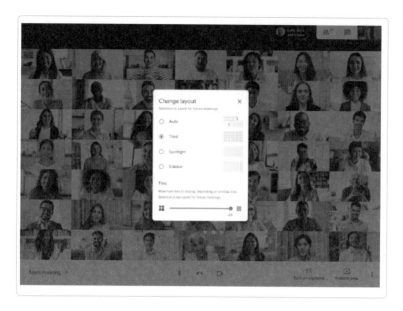

→ 양방향 회의 또는 강의 진행

화상 회의 참여자와 **잼보드**(온라인 화이트보드)로 브레인스토밍을 할 수 있습
니다.

→ 잼보드를 이용한 브레인스토밍

발표(화면 공유) 모드에서 타일 뷰를 변경할 수 있습니다.

→ 타일 뷰 변경

회의 주최자는 회의 참석자와 화면을 공유하고 채팅을 통제할 수 있습니다
(Google Workspace for Education 버전).

→ 화상 회의 통제

이외에도 다음과 같은 다양한 기능을 제공합니다.

- 데스크톱 환경에서 프로그램 설치 없이 브라우저만으로 화상 회의
- 배경 이미지를 변경하거나 흐리게 하기
- 스마트폰에서 어두운 조명 모드
- 화상 회의 시 설문, Q&A 기능 제공
- 소규모 그룹별 채팅방 만들기
- 캘린더, 채팅, 채팅방, Gmail에서 화상 회의 제공
- 최대 250명까지 동시에 화상 회의에 참여(Google Workspace Business Plus 이상, 단 Google Workspace Enterprise Essential은 해당사항 없음)
- 화상 회의 녹화 기능 제공(Google Workspace Business Plus 이상)
- 도메인 내 스트리밍 최대 10만 명 지원(Google Workspace Enterprise Plus)
- 노이즈 캔슬 기능 제공(Google Workspace Business Standard 버전 이상)

5.3 화상 회의 시작 전에 영상과 오디오 상태 확인

구글 Meet의 화상 회의는 별도의 앱 설치 없이 크롬 브라우저만으로 회의를 할 수 있는 것이 장점입니다. 브라우저로 화상 회의에 참여하려고 할 때 가끔은 오디오나 카메라가 정상 동작하지 않아서 난감할 때가 있습니다. 그러므로 구글 Meet에서는 회의에 참여하기 전에 오디오와 영상 상태를 사전에 테스트해 볼 수 있습니다.

→ 회의 참여 전 오디오와 영상 확인

→ 오디오와 영상 확인 모습

5.4 구글 Meet 기본 메뉴

1 참여자 보기
2 참여자와 채팅하기
3 참여자 고정하기

4 참석자와 회의 세부 정보 공유
5 마이크 켜거나 끄기
6 회의에서 나가기

7 카메라 켜거나 끄기
8 화면을 공유하거나 프레젠테이션 발표하기
9 녹화, 해상도, 레이아웃 등 추가 설정

→ Meet 기본 메뉴

5.5 구글 Meet 화상 회의 참석자 출석 확인하기

주최자가 구글 Meet으로 화상 회의를 개설한 후 설정에서 주최자 콘트롤의 참석 추적을 활성화할 수 있습니다.

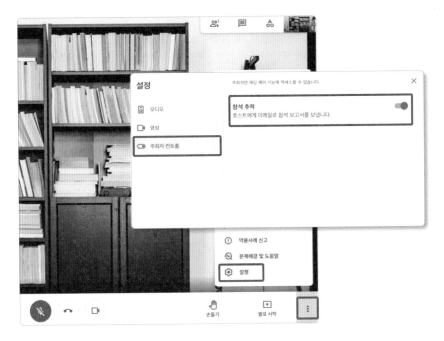

→ 회의 참석자 출석 체크

화상 회의 또는 온라인 수업을 모두 종료한 후에는 구글 Meet가 자동으로 '참석 보고서' 시트를 주최자에게 이메일로 전송합니다(회의 종료 후 대략 1~2분 후에 이메일로 전달됨).

주최자 구글 드라이브에 '내 드라이브' 하위 폴더 '회의 보고서'가 생성되고 해당 폴더에 참석 보고서 시트가 자동으로 생성됩니다. 참석 보고서 시트에는 '참석자 이름', '이메일', '참여한 간', '참여한 시간', '종료한 시간' 정보가 담겨 있습니다. 첫 번째 행에 '주최자' 정보가 보이고 그 이후에는 참석자 정보가 표시됩니다.

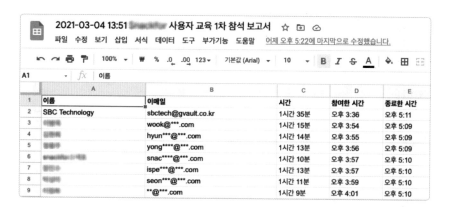

Table reproduced from spreadsheet image:

	A	B	C	D	E
	이름	이메일	시간	참여한 시간	종료한 시간
1	이름	이메일	시간	참여한 시간	종료한 시간
2	SBC Technology	sbctech@gvault.co.kr	1시간 35분	오후 3:36	오후 5:11
3		wook@***.com	1시간 15분	오후 3:54	오후 5:09
4		hyun***@***.com	1시간 14분	오후 3:55	오후 5:09
5		yong****@***.com	1시간 13분	오후 3:56	오후 5:09
6		snac****@***.com	1시간 10분	오후 3:57	오후 5:10
7		ispe***@***.com	1시간 13분	오후 3:57	오후 5:10
8		seon***@***.com	1시간 11분	오후 3:59	오후 5:10
9		**@***.com	1시간 9분	오후 4:01	오후 5:10

→ 참석 보고서 스프레드시트

이 기능은 Google Workspace Essentials, Business Plus, Enterprise Essentials, Enterprise Standard, Enterprise Plus 사용자와 Google Workspace for Education 버전에서 사용할 수 있습니다.

제6장

캘린더

구글 캘린더는 개인 일정뿐만 아니라 부서별 또는 협업 팀원을 위한 일정 관리와 회의실 관리를 위한 필수 도구입니다. 협업하는 팀원과 공동의 프로젝트를 진행하고자 할 때 가장 중요한 부분의 하나는 팀원의 일정 관리입니다.

재택근무 시 탄력적인 근무 시간 설정이 필요하고 협업하는 동료에게 나의 근무 상태를 효율적으로 알릴 필요가 있습니다. 구글 캘린더는 일정 관리 용도뿐만 아니라 협업 시 나의 근무 시간대를 동료에게 효율적으로 알릴 수 있는 좋은 도구이기도 합니다. 비대면 미팅, 온라인 화상 회의, 웨비나(웹 세미나) 또한 캘린더를 통해서 이루어집니다.

하나의 캘린더 안에서 개인의 사적 일정과 업무 일정을 같이 관리하려면 주의해야 할 사항도 있습니다.

6.1 캘린더 설정

구글 캘린더 사용 시 반드시 사전에 설정해야 할 항목이 있습니다. 그중에서 4가지 중요한 설정을 설명합니다.

① 시간대 설정★

글로벌 비즈니스를 하거나 시간대가 다른 외
국에 거주하는 파트너나 팀원과 협업하려면 정
확한 나의 시간대를 설정하는 것이 중요합니다.
일정을 만든 장소와 관계없이 일정 정보는 일정
을 보는 사용자가 사용 중인 시간대에 맞게 표
시됩니다.

시간대는 기본 시간대와 보조 시간대로 설정할 수 있습니다. 먼저 구글 캘
린더 오른쪽 위의 설정 메뉴 아이콘(⚙)을 클릭하고 설정 메뉴를 선택합니다.
왼쪽의 일반 항목에서 시간대를 클릭한 후 사용할 기본 시간대와 보조 시간
대를 선택합니다.

다음 예는 기본 시간대를 서울로 하고 보조 시간대를 미국 보스턴으로 설정
한 모습입니다.

→ 기본 시간대와 보조 시간대 설정

그러면 다음 그림과 같이 기본 시간대와 보조 시간대가 모두 표시됩니다.

→ 기본 시간대와 보조 시간대가 표시된 모습

② 알림 설정

내 일정에 대한 알림은 휴대전화, 컴퓨터, 이메일로 받을 수 있습니다. 이때 개별 일정 또는 모든 일정에 대한 알림 설정을 할 수 있습니다.

모든 일정에 대한 알림을 설정하려면 먼저 캘린더 오른쪽 위의 설정 메뉴 아이콘(⚙)을 클릭하고 설정 메뉴를 선택합니다. 왼쪽의 일반 항목에서 일정 설정을 선택합니다. 설정에서는 다음과 같은 옵션을 선택합니다.

- 알림 사용 설정/중지: 알림을 클릭한 다음 알림 수신 방식을 선택합니다.
- 응답이 예 또는 미정인 경우에만 알림 수신: 초대장 자동 추가 항목을 예. 단, '예' 또는 '미정'으로 응답한 경우에만 일정 알림을 보냅니다.로 설정합니다.

→ 알림 설정

③ 캘린더에 요일별 근무 시간대 설정

내 캘린더 설정에서 왼쪽 일반 항목의 근무 시간을 선택하여 요일별 나의 근무 시간대를 설정할 수 있습니다.

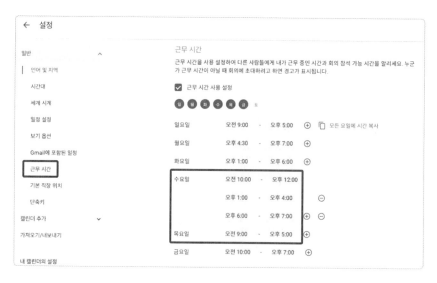

→ 요일별 근무 시간대 설정

내 캘린더에서 요일별 근무 시간을 설정한 후 팀원이 캘린더를 통해서 약속을 잡을 경우 내 근무 시간대를 벗어나게 되면 다음과 같이 근무 시간 외 시간임으로 표시됩니다.

→ 근무 시간이 아님을 표시

④ 캘린더에 부재중 시간대 설정하기

캘린더에 나의 부재중 시간대를 설정할 수 있습니다.

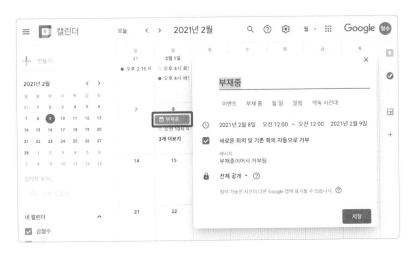

→ 부재중 시간대 설정

캘린더에서 부재중 시간대를 설정한 멤버에게 팀원이 이메일을 보내거나 채팅 시 상대방 채팅 창에 부재중이라고 표시됩니다. 또한, 구글 드라이브에서 문서를 열고 재택에서 근무하는 팀원에게 댓글을 달 경우에도 팀원이 부재중인지 여부를 확인할 수 있습니다.

→ 메일과 채팅에서 부재중으로 표시

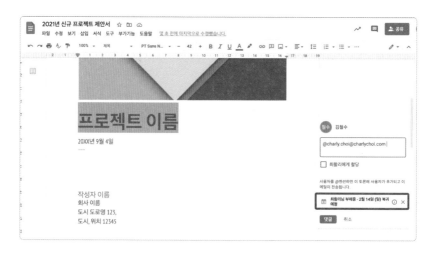

→ 공유 문서 협업 시에도 부재중 표시

일정 만들기

캘린더에 일정을 만드는 방법에는 3가지가 있습니다.

구글 캘린더(calendar.google.com)로 만들기

왼쪽 위의 일정 만들기 버튼을 클릭합니다. 그런 다음 일정 제목과 세부 정보를 추가하고 아래의 <저장> 버튼을 클릭합니다. 빠르게 일정을 만들려면 시간과 일정 제목을 입력하면 됩니다(예: '오후 3시30분 마케팅 회의').

→ 캘린더에서 일정 만들기

Gmail 메일로 일정 만들기

수신된 메일로 캘린더 일정을 만들 수 있습니다. 캘린더 일정은 Gmail 메일에 포함된 사람을 자동으로 초대하여 캘린더 일정 설명에 포함합니다.

→   Gmail로 일정 만들기

채팅이나 채팅방에서 일정 만들기

채팅 또는 채팅방에서 캘린더 일정 예약 아이콘(📅)으로 캘린더 일정을 만들
수 있습니다.

→ 채팅방에서 일정 만들기

캘린더 공유

다른 사용자와 내 캘린더를 공유＊할 때는 주의해야 합니다. 전체 권한을 가진 사용자는 초대에 응답할 수 있으며 일정을 만들거나 수정하고 내 캘린더를 다른 사용자와 공유할 수 있습니다.

가족, 친구, 동료와 캘린더를 공유할 수 있으며 내 기본 캘린더를 공유하면 다른 사용자가 내 일정을 확인할 수 있습니다. 이를 이용하면 가족 캘린더처럼 여러 사용자가 수정할 수 있는 캘린더를 만들어 공유할 수 있습니다. 예를 들어, 회사 임원은 비서를 내 캘린더의 위임 대상으로 추가하여 일정을 예약하고 수정하도록 할 수 있습니다.

구글 캘린더에서는 여러 개의 캘린더를 사용하여 일정을 추가할 수 있습니다. 또한, 캘린더 별로 공유 설정을 다르게 지정할 수도 있습니다.

⭐ 다른 사용자와 내 캘린더 공유

https://support.google.com/
calendar/answer/37082

기존 캘린더 공유

내 계정의 기본 캘린더나 내가 만든 다른 캘린더를 공유할 수 있습니다. 내가 소유하지 않은 캘린더를 공유하려면 소유자에게 변경 및 공유 관리 권한을 사용 설정하도록 요청해야 합니다. 직장이나 학교에서 관리하는 계정이라면 일부 권한 옵션에 접근하지 못할 수 있습니다.

캘린더를 공유하려면 먼저 구글 캘린더(calendar.google.com)를 엽니다. 단, 구글 캘린더 앱에서는 캘린더를 공유할 수 없습니다.

왼쪽에서 내 캘린더 항목을 찾습니다. 접은 상태라면 오른쪽의 ✔를 클릭하여 확장하고 공유하려는 캘린더의 옵션(⋮)을 클릭하고 나서 설정 및 공유 메뉴를 클릭합니다.

여러 사용자와 공유할 때

액세스 권한에서 공개 사용 설정 체크박스를 선택한 후 드롭다운 메뉴의 옵션을 선택합니다.

특정 개인과 공유할 때

특정 사용자와 공유에서 <+ 사용자 추가> 버튼을 클릭하고 사용자 또는 Google 그룹의 이메일 주소를 추가합니다. 그런 다음 드롭다운 메뉴를 사용하여 권한 옵션을 선택합니다. 설정이 끝났다면 보내기를 클릭합니다. 수신자가 목록에 캘린더를 추가하려면 이메일에 포함된 링크를 클릭해야 합니다.

특정 그룹 또는 사용자 캘린더를 공유할 때 해당 사용자의 내 캘린더 목록에 공유한 사용자 캘린더가 보이도록 하려면 다음과 같은 절차를 밟아야 합니다. 예를 들어, 최촬리(charly.choi@charlychom.com) 사용자가 본인의 캘린더를 김철수 (kim.c@charlychoi.com)에게 공유합니다. 김철수에게는 이메일로 캘린더

공유 알림이 전달되는데, 전달된 이메일 본문 안에서 '이 캘린더를 추가' 링크
를 클릭합니다.

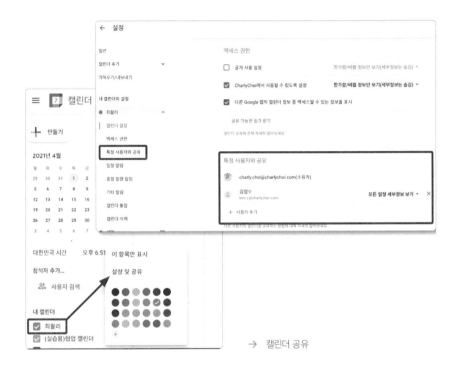

→ 캘린더 공유

→ 이메일을 통한 캘린더 추가

캘린더 추가 완료후에는 '김철수' 캘린더에서도 '최촬리'가 공유한 캘린더를 함께 볼 수 있게 됩니다.

→ 공유한 캘린더 확인

캘린더 위임

다른 사용자에게 내 캘린더를 관리할 수 있는 전체 권한을 부여할 수 있습니다. 단, 여러 사용자나 그룹에 전체 권한을 부여하는 것은 권장하지 않습니다.

먼저 구글 캘린더를 엽니다. 왼쪽 내 캘린더 항목에서 공유하려는 캘린더의 옵션(⋮)을 클릭하고 설정 및 공유 메뉴를 클릭합니다. 특정 사용자와 공유에서 <+ 사용자 추가> 버튼을 클릭하고 새로운 위임 대상의 이메일 주소를 입력합니다. 그런 다음 권한에서 변경 및 공유 관리를 선택하고 보내기를 클릭합니다.

위임받은 사용자가 자신의 목록에 내 캘린더를 추가하려면 이메일에 포함된 링크를 클릭해야 합니다. 이때 위임받은 사용자가 내 캘린더에서 일정을 만들면 내가 초대장의 발송자가 됩니다.

구글 캘린더가 없는 사용자와 공유하기

구글 캘린더를 사용하지 않는 사람이 내 캘린더를 볼 수 있도록 하는 유일한 방법은 캘린더를 공개로 설정하는 것입니다. 직장, 학교 또는 기타 조직에서 구글 캘린더를 사용하는 경우 캘린더 설정의 액세스 권한 아래에 내 캘린더를 조직 내 모든 사용자와 공유하도록 설정하는 공개 사용 설정 옵션이 표시됩니다.

모든 일정 세부정보 보기

　캘린더 일정을 비공개로 설정하지 않는 한 조직 내의 사용자는 내 캘린더 일정의 세부 정보를 볼 수 있습니다.

한가함/바쁨 정보만 확인(세부정보는 숨김)

　조직 내의 사용자는 내 일정이 바쁜지 한가한지 여부만 확인할 수 있으며 일정의 이름이나 세부 정보는 볼 수 없습니다.

　공개로 설정하면 조직 내의 사용자는 내 캘린더를 볼 수 있지만 조직 외부의 사용자는 내 캘린더를 볼 수 없습니다. 단, 조직 외부의 사용자를 회의에 초대하면 초대받은 사용자는 회의에 대한 정보는 볼 수 있습니다.

6.4 회의실 관리(관리자)

　조직의 사용자는 구글 캘린더에서 일정 예약 외에도 다른 사용자와 공유하는 리소스를 관리할 수 있습니다. 리소스의 가장 일반적인 예는 회의실입니다. 그 외에도 프로젝터, 회사 업무용 차량, 방문객 작업 공간, 레크리에이션 장비를 비롯해 사용자가 사용 시간을 예약할 수 있는 모든 리소스를 예로 들 수 있습니다.

리소스를 관리하는 데 필요한 권한

　캘린더 리소스를 관리하려면 건물 및 리소스 설정에 필요한 권한을 가진 관리자 역할이 필요합니다. 최고 관리자만 자신의 캘린더에서 리소스를 관리할 수 있습니다.

사용자가 회의실, 프로젝터, 회사 차량, 자전거 등 회사의 공용 리소스를 예약할 수 있도록 설정합니다. 사용자는 회의실이 위치한 건물과 층, 화상 회의 장비 또는 화이트보드와 같은 주요 기능 등의 세부 정보를 볼 수 있습니다.

→ 일정에 회의실 정보 추가

먼저 회사가 소유한 모든 회의실 또는 리소스 목록을 작성합니다. 구글 캘린더에서는 회의실을 모든 리소스의 기준으로 사용합니다. 회의실 목록을 작성하지 않으면 리소스나 기능을 생성할 수 없습니다.

관리 콘솔에서 회의실 추가하기

Google Workspace 관리자는 관리 콘솔(admin.google.com)에 접속합니다. 관리 콘솔 메뉴에서 건물 및 리소스를 클릭합니다.

→ 건물 및 리소스 선택

건물 및 리소스의 리소스 관리 항목에서 열기를 클릭합니다.

→ 리소스 관리 항목

노란색 원 모양의 새 리소스 추가 버튼을 클릭합니다.

→ 새 리소스 추가

세부 정보를 입력합니다. 이때 리소스 추가 후 사용자 캘린더에 해당 리소스가 표시되기까지 최대 24시간 걸릴 수 있습니다.

→ 리소스 세부정보 입력

필수 입력란에 내용을 입력하고 선택 입력란은 나중에 입력해도 됩니다.

6.5 구글 캘린더 활용 팁

약속 시간대 활용하기

일반적으로 캘린더를 통한 약속은 초대자가 캘린더 일정을 만들고 그 일정에 참석할 사람을 초대함으로써 이루어집니다. 해당 일정에 참석 초대받은 사람은 참석에 동의하면 캘린더 일정이 수립됩니다.

이와는 달리 기업 임원이 직원과의 면담 시간대를 미리 지정하여 그 시간대에서만 면담할 수 있거나 대학교 교수가 학생과 상담을 위해서 가능한 상담 시간대를 사전에 정한 후 그 시간대에서만 학생 상담을 할 수 있습니다.

구글 캘린더에서는 **약속 시간대 기능**을 활용하여 나의 약속 가능한 시간대를 사전에 정한 후 이를 공지하여 약속을 정할 수 있게 하는 아주 유용한 기능이 있습니다. 예를 들면, 김철수 교수는 화요일과 목요일 오후 2시~5시까지 30분 간격으로 상담 약속을 할 수 있게 캘린더에 이 정보를 학생과 공유하려고 합니다.

학생은 다음과 같이 김철수 교수가 캘린더에 공지한 일정을 보고 본인이 원하는 시간대를 선택하여 상담을 신청을 할 수 있습니다.

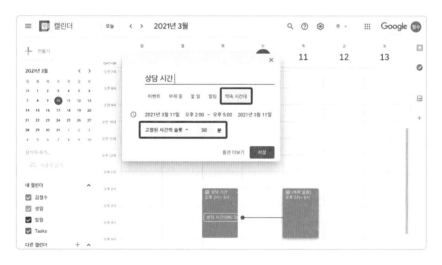

→ 지정한 시간을 공유

김철수 교수 캘린더에 목요일 오후 2시~5시까지 30분 간격 '약속 시간대' 만들기

구글 캘린더 목요일 2시에 이벤트를 생성합니다. 이벤트 이름에 '상담 시간'
이라 입력하고 이벤트 타입은 약속 시간대로 선택하고 나서 시간은 오후 2시~
오후 5시까지 지정합니다. 아래 고정된 시간의 슬롯을 30분 단위로 지정 후 <저
장>을 클릭합니다.

→ 약속 시간대 만들기

저장 완료 후 해당 이벤트를 선택하고 나서 이 캘린더의 약속 페이지로 이동을 클릭합니다.

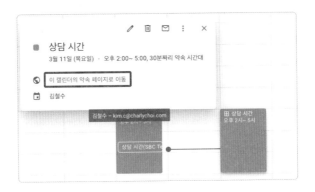

→ 약속 페이지로 이동

캘린더 웹 페이지가 열리면 해당 페이지의 주소를 복사하여 학교 홈페이지에 공지하거나 이메일로 학생에게 공유하면 됩니다.

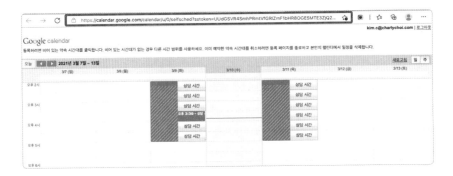

→ 캘린더에 표시된 약속 시간대

학생은 김철수 교수가 공유한 캘린더 웹 페이지 주소를 클릭한 후 원하는 <상담 시간> 버튼을 클릭하여 면담을 요청하면 됩니다.

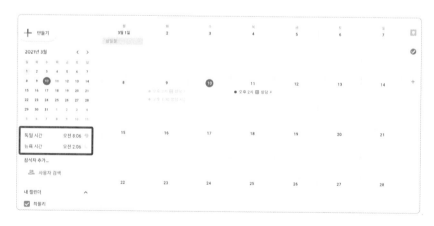

→ 공유 캘린더로 약속 신청

세계 시계 표시 활용하기

다국적 기업에서는 협업하는 직원이 서로 다른 국가에서 근무하는 경우가 많습니다. 이러한 기업에서는 다른 국가에서 근무하는 직원과 협업하려면 직원이 근무하는 국가의 시간대를 알고 있어야 합니다.

구글 캘린더의 **세계 시각 기능**을 활용하여 다음과 같이 다른 국가의 시간대를 캘린더에 표시할 수 있습니다.

→ 세계 시각 표시

세계 시각 설정 방법

캘린더에서 오른쪽 위의 설정 메뉴(⚙)를 클릭하고 나서 설정 메뉴를 선택합니다. 그런 다음 일반 항목의 세계 시계에서 세계 시계 표시를 선택 후 캘린더에 표시할 국가의 시간대를 추가하면 됩니다.

→ 캘린더에 표시할 세계 시계 추가

02부

...

원격에서
협업하기

＋

원격에서 근무하는 팀원들과 협업하여 예정된 일정에 맞추어
서 공동의 프로젝트를 완수하기는 쉬운 일이 아닙니다. 예를
들어, 재택근무하는 여러 명의 팀원과 협업하려면 우선 효율
적인 커뮤니케이션 채널을 구축할 필요가 있습니다. 그리고
커뮤니케이션 채널이 구축된 이후에는 협업자와 주고받는 각
종 문서나 파일에 대한 효율적인 공유와 관리가 요구됩니다.

Google Workspace에서는 원격에서 협업하는 사용자들을
위한 통합형(실시간 채팅, 화상 회의, 공동 문서 편집과 관리, 보안
기능을 통합한) 협업 도구를 제공합니다. 2부에서는 Google
Workspace에서 어떻게 효율적으로 소통하고 협업 시 발생
하는 파일 공유와 문서 관리, 웨비나(웹+세미나)를 어떻게 하
면 효과적으로 활용할 수 있는지 그 과정을 자세하게 소개하
고자 합니다.

＋

제7장

원격 협업 시작

협업 솔루션이라고 해서 다 같은 것은 아닙니다. 기업용 협업 솔루션 시장에서 협업 도구를 표방하며 출시된 제품은 다양합니다.

- 원격 화상 회의에 기반을 둔 제품
- 실시간 커뮤니케이션용 메신저에 기반을 둔 제품
- 클라우드 스토리지 서비스에 기반을 둔 제품
- 프로젝트 관리 솔루션에 기반을 둔 제품
- 통합형 제품

실제로 재택근무 시 다양한 유형(실시간 커뮤니케이션, 화상 회의, 공동 문서 편집, 프로젝트 관리 등)의 협업이 요구됩니다. 이러한 다양한 요구 사항을 모두 만족하는 통합형 협업 솔루션은 손꼽을 정도입니다.

구글은 협업에 대한 비전을 갖고 Google Workspace를 설계했습니다. 유연한 클라우드 서비스와 인공지능 도구를 사용하여 기업이 어떤 작업을 수행할지 예측하여 협업에 필요한 모든 기능을 하나로 통합했습니다.

7.1 협업의 시작은 문서 공유부터

구글이 조사한 통계를 보면 기업은 문서 작업 시간의 76%를 협업에 소비

한다고 합니다. 그러므로 기존 방법대로 협업한다면 높은 생산성을 기대할 수 없습니다.

- 협업, 동료 간의 문서 교환 시 많은 시간 소모
- 문서 수정 지시에 대한 모호성(예: 수정 요청 지시자가 어떤 부분을 어떻게 수정해야 할지를 명확하게 지시하기가 어려움)
- 협업 동료가 수정한 문서 버전 관리에 어려움이 있음
- 최종 문서 작성 완료 후 검토와 승인 과정에 시간이 걸림
- 협업 시 민감한 내용 또는 중요한 내용의 보안 관리 이슈
- 실시간 협업 기능 부재로 말미암은 시간 소모
- 중앙 통제 문서 관리 시스템의 필요성은 있으나 도입 비용과 유지관리에 어려움이 있음

7.2 구글 드라이브 기반 4가지 협업 형태

첫째, 문서 공동 편집 작업을 위한 공유

문서, 스프레드시트, 프레젠테이션에서는 다른 공동 작업자와 함께 동시에 **공동 편집 작업**을 할 수 있습니다. 공동 작업자가 편집한 모든 기록은 문서 내에서 저장됩니다. 그리고 공동 작업자 중 누가 어떤 내용을 수정하였는지 확인할 수 있습니다. 필요에 따라서는 수정 기록을 확인한 후 **이전 버전**으로 복원할 수도 있습니다.

이뿐만 아니라 Google Workspace의 협업 기능은 MS 오피스 문서에도 적용됩니다. 이제 구글 문서(문서, 스프

데스크톱용 Google Drive 배포하기
https://support.google.com/a/answer/7491144

레드시트, 프레젠테이션)뿐만 아니라 MS 오피스(워드, 엑셀, 파워포인트) 문서도 변환 없이 구글 문서로 공동 편집 작업이 가능합니다. 내 컴퓨터에 **데스크톱용 드라이브***를 설치한 후 컴퓨터의 탐색기를 사용하여 MS 오피스 문서를 검색하고 MS 오피스 앱으로 이를 편집할 수 있습니다.

둘째, 공동 작업자의 문서 수정 내용 확인

Google Workspace는 클라우드 기반으로 모든 변경 사항을 **버전 기록**에 기록합니다(파일 → 버전 기록 메뉴에서 확인). 문서를 수정한 전체 시각을 볼 수 있으며 클릭 한 번으로 이전 버전으로 복원할 수도 있습니다. 스프레드시트 내의 특정 셀에 대한 **수정 기록***을 보거나 구글 문서의 변경 사항을 서로 비교(문서 비교)**할 수도 있습니다.

＊
Google 스프레드시트에서 특정 셀을 변경한 사용자 확인

https://support.google.com/docs/answer/190843#lastedit

＊＊
Google 문서 비교하기 데모 영상

https://www.youtube.com/watch?v=79Dd1xZ4uPQ

→ 특정 셀의 수정 기록 확인

셋째, 피드백 주고받기

문서 내에서 댓글/답글은 단순한 기능이 아니라 동료가 문서를 공유하고 **피드백**을 주고받는 필수 방법입니다. **동적 이메일***의 도움으로 문서, 스프레드시트, 프레젠테이션의 댓글 작성 기능이 Gmail과 통합됨에 따라 이메일 본문 안에서 직접 댓글에 답글을 추가할 수 있습니다.

동적 이메일 기능 소개(영문)

https://www.blog.google/
products/gmail/take-action-
and-stay-up-to-date-with-
dynamic-email-in-gmail/

넷째, 협업자에게 작업 할당하기

댓글 기능 통해서 작업을 할당할 수 있습니다. Google Workspace는 인공지능 기술을 활용하여 협업의 효율을 높입니다. 예를 들어 인공지능은 문서 작업을 자동 감지하므로 협업자에게 작업 항목을 할당하고자 별도로 이메일을 보낼 필요가 없습니다.

문서를 공유할 준비가 되면 Google Workspace의 공유 권한을 통해 내부 또는 외부에서 어떻게 공유할지를 제어할 수 있습니다. 추가 옵션으로 드라이브에 저장된 파일에 대하여 특정 사용자의 접근 만료 날짜를 설정할 수도 있습니다.

7.3   원격 협업 시 효율적인 의사소통 방법

원격 협업 시 의사소통에는 하나의 방법만 있는 것은 아닙니다. 이메일, 채팅, 화상 회의에 이르기까지 동료와 의사소통하는 방법은 다양합니다.

첫째, 이메일을 보내세요.

이메일은 비즈니스에서 핵심 의사소통 도구입니다. 구글의 유료 서비스를 받는 500만 개가 넘는 기업과 단체가 Gmail에 의존해 업무를 진행합니다.

그 밖에도 이메일을 단순한 작업에 대한 기록용으로 사용할 수도 있습니다. 인공지능의 도움을 받아 동료에게 회신하거나 업무 우선순위를 지정할 수 있습니다. 또한, 스팸, 피싱, 악성코드의 99.9%가 수신함에 도달하지 못하도록 차단합니다.

둘째, 실시간으로 채팅하세요.

프로젝트 진행 상황을 항상 확인할 수 있는 실시간 커뮤니케이션 방법이 필요합니다. 프로젝트의 모든 기록을 저장할 수 있는 전용 채팅방을 통하여 진행 상황을 실시간 추적할 수 있습니다. 구글 채팅은 구글 드라이브와 Google Workspace의 다양한 도구를 통합하여 구글 채팅 시 올린 파일에 접근하고자 앞뒤로 왔다갔다할 필요가 없어졌습니다. 채팅에는 25개 이상의 인공지능 기반 **챗봇**이 제공됩니다. 금융, 인력 자원, CRM, 프로젝트 관리용으로 활용할 수 있습니다. 구글 채팅은 Gmail 앱과 밀접하게 통합되어 한곳에서 쉽게 접근할 수 있게 되었습니다.

셋째, 얼굴을 보며 협업하세요.

동료와 얼굴을 마주 보며 협업하는 방법보다 더 좋은 것은 없습니다. 화상 회의 새로운 버전인 구글 Meet를 사용하여 최대 250명의 사용자와 실시간 공동 작업을 수행할 수 있습니다. 일반적인 화상 회의 솔루션을 넘어 **자동 자막 기능**(현재는 영어, 프랑스, 독일어, 포르투갈, 스페인 어만 지원)을 제공합니다. 그리고 같은 도메인 내에서 최대 10만 명의 **실시간 스트리밍**(Google Workspace

Enterprise Plus 버전)을 제공합니다. 이뿐만 아니라 전용 **구글 Meet 하드 웨어 키트**＊도 제공합니다.

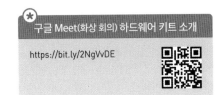

구글 Meet(화상 회의) 하드웨어 키트 소개
https://bit.ly/2NgVvDE

7.4 Gmail 통합 환경 설정하기

　기존 G Suite 사용자도 Gmail 통합 환경을 사용할 수 있습니다. 그러나 이 통합된 환경을 사용하려면 다음과 같은 몇 가지 설정이 필요합니다.

　기존의 G Suite 서비스에서 Google Workspace로 변환한 사용자의 Gmail 환경이 다음 그림과 같이 통합된 형태(Gmail, 채팅, 채팅방, 화상 회의)로 보이지 않을 수 있습니다. 이럴 때는 채팅, 채팅방, 영상 통화 메뉴가 오른쪽에 보이도록 설정해야 합니다.

→ 웹 통합 Gmail과 모바일용 통합 Gmail

우선 다음과 같은 설정을 확인해 보시기 바랍니다. 이에는 Google Workspace 관리자가 해야 하는 설정과 각 사용자가 해야 하는 설정이 있습니다.

첫째 설정(관리자 설정)

Google Workspace 관리자는 관리 콘솔(admin.google.com) 접속해서 설정합니다. 다음 그림처럼 앱 → Google Workspace 메뉴에서 Google Chat 및 기본 행아웃 항목을 클릭하고 서비스 설정에서 Chat 및 기본 행아웃을 Chat으로 기본 설정으로 선택해야 합니다.

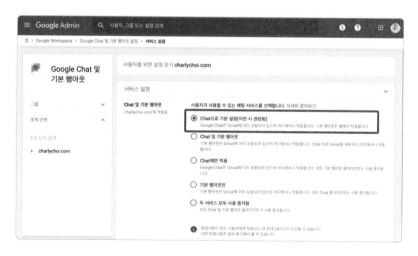

→ Google Chat을 기본으로 설정

둘째 설정(사용자 설정)

이 설정은 각 사용자가 직접 Gmail에 접속해서 오른쪽 위 설정(⚙)에서 모든 설정을 열고 다음 그림처럼 채팅 및 영상 통화 탭에서 채팅, 채팅 창 위치, 영상 통화 항목을 설정해야 합니다.

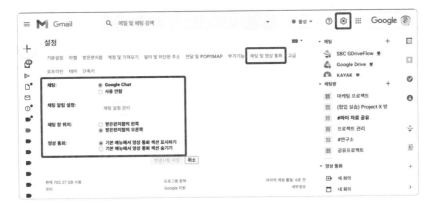

→ 사용자 Gmail 설정

7.5 재택근무 시 탄력 근무 시간대 설정하기

재택근무 시 업무 시간과 개인 시간을 효율적으로 관리하는 것은 매우 중요합니다. 특히 팀원이 원격에서 수시로 채팅으로 대화를 나누거나 화상 회의를 해야 할 때 각 멤버의 근무 상태를 알고 있어야 회의 일정을 효율적으로 조절할 수 있습니다.

재택근무에서는 출근하여 오전 9시부터 오후 6시까지 근무하는 방식과는 다르게 탄력적인 근무가 필요할 수 있습니다. 특히 월요일에서 금요일까지 요일별로 근무 시간대가 다를 수 있고 하루 일과 중에 급하게 개인적인 일이 발생하여 이를 처리해야 할 때도 있을 수 있습니다.

Google Workspace에서는 원격 근무자가 탄력적으로 요일별 근무 시간대와 하루 근무 시간대를 나누어 지정할 수 있습니다. 급하게 부재중일 때 이를 설정하여 팀원에게 공유하는 유용한 기능도 있습니다. 재택에서 근무하는 팀원이 가장 먼저 해야 할 일은 요일별로 나의 근무 시간대를 설정하여 근무 상태를 공유하는 것입니다. 또한, 재택에서 갑자기 개인적인 일이 생겼을 때도 협업 멤버에게 이러한 정보를 실시간으로 공유해야 합니다.

Google Workspace의 캘린더에서는 요일별로 나의 근무 시간대와 하루 근무 시간대를 지정할 수 있고 일시 부재중 상태를 설정하는 기능을 활용할 수 있습니다. 요일별 나의 '근무 시간대'와 하루 근무 시간대, '부재중' 상태를 설정하는 방법은 '6.1 캘린더 설정'을 참고하기 바랍니다.

제8장

협업을 위한
효율적인 소통 방법

원격에서 근무하는 멤버와 효율적으로 소통하려면 다음과 같은 몇 가지 사전 작업이 필요합니다.

- 커뮤니케이션 채널 만들기
- 공동 작업 공간 만들기
- 토론이나 정보 공유를 위한 게시판 만들기
- 공동의 파일 관리 시스템 만들기

8.1 이메일 목록 만들기

부서별, 팀별 또는 프로젝트별로 협업해야 할 때 가장 먼저 할 작업은 멤버 간의 효율적인 커뮤니케이션을 위한 채널을 만드는 것입니다. 커뮤니케이션 채널을 만들기 위한 첫 단계로 **구글 그룹스**를 이용하여 프로젝트에 참여하는 모든 멤버를 포함하는 그룹 메일을 만드는 것이 바람직합니다.

예를 들어, 마케팅팀에서 신규 고객을 유치하고자 공동으로 프로젝트를 진행할 때 제일 먼저 해야 할 일은 프로젝트에 참여하는 팀원을 위한 이메일 목록을 만드는 것입니다. 이메일 목록은 구글 그룹스를 이용하여 공동 프로젝트에 참여할 멤버를 포함하는 대표 그룹 메일(예: marketing@mycompany.com)을 생성하고 이 그룹에 프로젝트에 참여하는 팀원을 멤버로 참여시키는 것입니다.

→ 구글 그룹스로 커뮤니케이션 채널 만들기

공동 프로젝트를 위한 협업 시 그룹 메일이 담당하는 두 가지 중요한 역할은 다음과 같습니다.

첫째, 문서나 파일 공유 시 멤버 권한 관리에 사용합니다.

마케팅 팀장은 프로젝트 관리를 위한 스프레드시트를 생성하고 멤버가 스프레드시트 공유 시 접근 권한을 통제할 필요가 있습니다. 멤버가 중간에 다른 부서로 옮기거나 퇴사한다면 공유한 스프레드시트의 접근 권한을 끊어야 합니다. 또는 반대로 새로운 멤버가 마케팅팀에 배속될 때 이전에 공유했던 모든 문서나 파일을 찾아서 접근 권한을 부여해야 합니다. 이러한 작업은 매우 번거롭고 시간 소모성 작업입니다. 그렇다고 이 작업을 안 할 수는 없습니다.

구글 그룹스를 이용하면 멤버가 다른 부서로 이동하거나 퇴사하면 해당자를 그룹 메일의 멤버에서 제거하면 되고 새로운 멤버가 배속되면 그룹 메일에 해당 멤버를 추가하기만 하면 됩니다.

둘째, 팀원 간의 이메일 소통 시 업무 기록용으로 사용합니다.

일반적으로 팀원 간에 업무용으로 주고받은 이메일은 보내고 받은 당사자만 관리할 수 있습니다. 팀원이 퇴사하거나 응급 상황이 발생하여 업무를 보지 못할 때 다른 멤버는 주고받았던 업무용 이메일 기록을 확인할 방법이 없습니다. 또한, 새로운 멤버가 들어올 경우 업무 인수인계 차원에서 팀과 주고받았던 업무용 이메일 내용을 확인할 필요가 있습니다. 예를 들면, 마케팅 부서로 주고받은 업무용 이메일 기록을 남길 경우 marketing@mycompany.com 그룹 메일을 생성한 후 부서 업무용 메일을 보낼 때 이메일 참조에 이 그룹 메일 주소를 입력하면 모든 메일 기록이 구글 그룹스 markting@mycompany.com에 자동 기록되므로 필요할 때 검색할 수 있습니다.

8.2 작업 공간 만들기

공동 프로젝트를 위한 협업팀을 구성하고 팀원과 효율적으로 커뮤니케이션하기 위한 채널을 만들었다면 그다음은 **협업팀을 위한 작업 공간**을 만들어야 합니다.

협업팀을 위한 작업 공간에서는 팀원 간에 실시간 대화 또는 토론을 할 수 있으며 문서나 파일을 공유하여 공동 작업을 할 수도 있습니다. 공유하는 모든 파일은 모두 작업 공간 안에서 관리합니다. 필요할 땐 원격에서 근무하는 팀원과 즉시 화상 회의를 진행할 수도 있습니다.

그 방법의 하나로 **채팅방** 만들기를 통해서 협업팀을 위한 가상 작업 공간을 구축합니다.

채팅방 만들기

① 채팅방 메뉴에서 **+** 클릭 후 채팅방 만들기를 선택합니다.

→ 채팅방 만들기

② 채팅방 이름을 입력하고 대화목록 답장 사용을 선택합니다.

Gmail의 대화 형식으로 보기 기능과 같이 채팅방에서도 주제별로 대화 목록이 보이고 대화를 하도록 선택할 수 있습니다. 협업팀 멤버가 회사 외부 조직 사용자라면 조직 외부 사용자가 참여하도록 허용에 체크하면 됩니다.

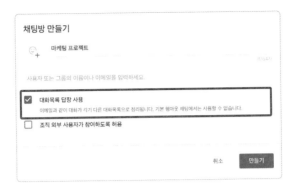

→ 채팅방 이름 입력과 기타 설정

③ 채팅방 생성 후 채팅방에 참여할 사용자를 추가합니다.

채팅방을 생성했다면 참여할 사용자를 추가합니다. 채팅방 이름을 클릭한 다음 사용자 및 봇 추가 메뉴를 선택합니다.

→ 채팅방 사용자 추가

사용자로는 개별 사용자(구글 계정의 이메일 주소), 그룹(구글 그룹스로 생성한 그룹 메일) 또는 챗봇을 추가할 수 있습니다.

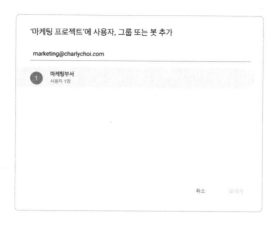

→ 추가할 사용자나 그룹 선택

채팅방 참여하기

① 초대된 채팅방을 확인합니다.

채팅방 둘러보기 메뉴에서 자신이 초대된 채팅방을 확인할 수 있습니다.

→ 초대된 채팅방 둘러보기

② 채팅방에 참여합니다.

채팅방 둘러보기에서 채팅방을 미리 살펴보고 참여할 의사가 있다면 <미리보기> 버튼 옆의 ➕ 버튼을 클릭하여 참여할 수 있습니다.

→ 원하는 채팅방에 참여하기

8.3 토론용 게시판 만들기

　전체 직원을 대상으로 공지 사항을 전달하거나 설문이나 토론이 필요할 때가 있습니다. 즉, 부서별, 팀별, 프로젝트별 또는 동호회와 같이 정보 공유나 사내 커뮤니티를 위한 게시판 기능이 필요할 수 있습니다.

　Google Workspace에서는 이른바 게시판이라는 기능을 별도로 제공하지는 않습니다. 그러나 Gmail에 통합된 채팅방을 활용하면 이를 전체 직원 공지 사항 게시판, 부서별, 팀별 토론을 위한 게시판 용도로 이용할 수 있습니다.

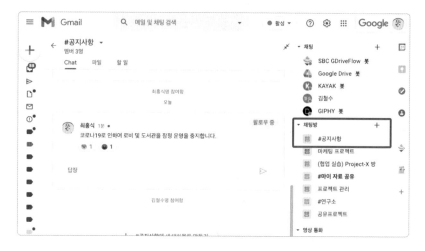

→ 채팅방을 토론방으로 활용

다음은 Polly 봇을 이용하여 채팅방에서 무기명 설문 조사를 시행하는 모습입니다.

→ 무기명 설문 조사

① 전체 직원을 위한 게시판을 생성합니다.

이 작업을 위해서는 전체 직원을 대상으로 하는 구글 그룹 생성이 필요합니다(예: notification@mycompany.com).

Google Workspace 관리자는 관리 콘솔(admin.google.com)에 접속하고 그룹 메뉴를 이용하여 그룹을 생성합니다.

→ 그룹 만들기

그룹 만들기 대화 상자가 나타나면 먼저 필요한 그룹 관련 정보를 입력합니다.

→ 그룹 세부 정보 입력

그룹을 만들었다면 그룹에 회원을 추가합니다.

→ 회원 추가

200

이때 전체 직원을 추가하고자 고급 옵션을 선택합니다.

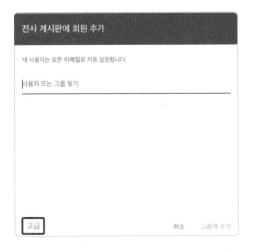

→ 전체 직원 추가를 위한 고급 옵션 선택

고급 옵션 대화 상자에서 현재 사용자 및 향후 사용자 모두 모든 이메일 설정으로 이 그룹에 추가를 선택합니다. 그런 다음 그룹 설정에서 액세스 유형을 공지 전용으로 선택합니다.

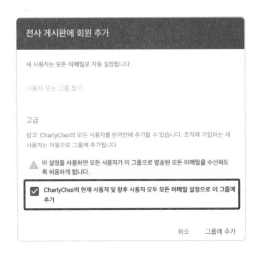

→ 고급 옵션 선택

모든 과정이 끝났다면 조직의 모든 사용자가 그룹에 추가되었는지를 확인합니다.

→ '조직의 모든 사용자' 추가 확인

② 채팅방을 생성합니다.

'전체 공지 사항'이라는 이름으로 채팅방을 생성합니다.

③ 사용자를 추가합니다.

채팅방 사용자를 추가할 때 전체 직원 멤버가 참여한 Google 그룹 (예: notification@mycompany.com)를 추가합니다.

→ 전체 직원이 참여한 그룹을 추가

전체 직원을 대상으로 게시판 또는 공지를 위한 채팅방을 생성할 때는 전체 직원이 속한 Google 그룹을 활용하는 것이 좋습니다. 새로 입사한 사원이라면 본인이 소속된 채팅방 목록을 확인 후 채팅방을 추가하면 됩니다.

→ Gmail에서 채팅방 둘러보고 참여하기

추가로 부서별 또는 팀별 전용 채팅방을 운영할 때도 멤버 관리를 위해서는 Google 그룹(예: 연구소 research@mycompany.com)을 활용하면 됩니다.

→ 팀별 채팅방 참여자 추가

④ 게시용 채팅방에서 원하는 주제만 알림 받도록 설정합니다.

한 채팅방 안에서 주제별로 대화할 수 있습니다. 공개 게시판은 여러 사람이 토론하거나 주제별 게시물이 게시될 수 있습니다. 그러므로 해당 채팅방의 알림을 끄지 않으면 게시되는 모든 대화에 대한 알림을 받게 됩니다.

이때는 자신이 원하는 대화만 알림을 받고 나머지 대화는 알림을 끌 수 있습니다. 해당 채팅방의 알림 끄기를 선택하고 관심 있는 주제에 대해서는 팔로우 중으로 선택하면 됩니다.

→ 원하는 대화만 알림 받기

⑤ 게시판을 이용한 무기명 설문 조사를 시행해 봅니다.

투표 전용 챗봇인 @Polly 봇을 채팅방에 추가할 수 있습니다. 예를 들어 @멘션으로 챗봇을 지정(@Polly)하고 다음과 같이 입력하면 설문이 만들어집니다(설날 선물로 가장 선호하는 것은 "문화상품권" "현금" "갈비세트" "백화점 상품권").

→　@Polly 봇을 이용한 설문 조사

8.4 **공유 드라이브 만들기**

① 공유 드라이브를 만듭니다.

관리자가 공유 드라이브 만들기를 허용한 사용자는 누구나 공유 드라이브에 팀 폴더를 만들 수 있습니다.

→ 새 공유 드라이브 만들기

② 공유 드라이브 폴더를 공유합니다.

만든 사람만이 공유 설정을 관리할 수 있습니다. 멤버 추가, 멤버 관리, 테마 변경, 이름 변경 등이 가능합니다.

같은 도메인 내에 있는 사람과 그룹, 외부 구글 계정이 있는 사람을 멤버로 추가할 수 있습니다. **하위 폴더 재공유 기능**도 가능합니다. 최상위 폴더에 부여된 권한 설정은 모든 하위 폴더 전체에 마찬가지로 적용됩니다. 아울러 공유 드라이브나 해당 콘텐츠를 관리하려면 사용자에게 적절한 수준의 접근 권한이 있어야 합니다.

참고로 G Suite Basic 버전 사용자는 조직 내에 있는 공유 드라이브 파일이 직접 공유되지 않는 한 이러한 파일을 볼 수만 있습니다. Google Workspace 버전 사용자 권한*에 대해서는 다음 도움말을 참고하세요.

Business Starter 및 G Suite Basic 버전 사용자 권한

https://support.google.com/a/answer/7337554?hl=ko&ref_topic=7337266#basic

③ 공유 드라이브의 파일에 대한 접근을 요청합니다.

공유 드라이브의 파일에 대한 접근 요청은 파일 작성자에게만 전달됩니다. 파일 작성자가 더는 공유 드라이브의 멤버가 아니면 요청은 전체 접근 멤버에게 전송됩니다. 이와 함께 공유 드라이브 폴더를 만든 사람이 삭제할 수 있는 권한을 가집니다.

제9장

협업을 위한
파일 공유와 관리

원격에서 근무하는 팀원과 협업 시 가장 많은 시간을 소모하게 되고 생산성을 떨어뜨리는 요소가 있습니다.

첫째는 효율적으로 커뮤니케이션할 수 있는 단일화된 도구가 없다는 것입니다. 기업용 협업 도구는 많습니다. 그러나 하나의 계정으로 실시간 채팅, 화상 화의, 문서 공동 편집 작업, 파일 관리, 이메일 모두를 제공하는 제품은 많지 않습니다.

둘째는 협업 시 공동으로 작업해야 할 각종 문서나 파일을 효율적으로 공유하고 관리하는 일은 매우 중요합니다. 협업 시 문서 사본을 만들지 않고 원본 하나에서 협업자와 실시간 공동 편집 작업을 할 수 있고 버전 관리가 자동으로 이루어지고 보안 레벨에 따라서 접근 권한이 부여되고 모든 작업의 기록과 관리는 팀별, 부서별 또는 프로젝트별로 이루어져야 합니다.

Google Workspace는 효율적인 커뮤니케이션 방법과 문서, 파일의 공유와 관리 방법을 제공합니다. 특히 협업 시 발생하는 각종 문서나 파일을 다른 솔루션보다 더 효율적으로 관리하는 방법을 제시합니다. 이를 이해하고 잘 활용할 수 있다면 업무 효율을 올리는 데 큰 도움이 됩니다.

협업은 다음과 같이 다양한 형태로 이루어질 수 있습니다.

- 부서별 고정된 멤버와 지속적으로 협업할 때(예: 영업부, 연구소, 마케팅부)
- 팀별 멤버와 한시적으로 협업할 때(예: 신제품 개발팀, TF팀, 프로젝트 제안팀, 영업 제안팀)

- 협력 업체와 협업할 때(예: 홈페이지 외주 개발, 하도급 업체, 협력사와 제품 공동 개발).
- 협업은 아니지만, 회사의 영업 자료나 마케팅 자료를 불특정 다수에게 배포할 때 또는 고객과 견적서, 계약서를 주고받아야 할 때 등

협업 시 많은 문서와 파일 공유가 발생합니다. 이렇게 공유하는 파일이나 문서를 효율적으로 관리하는 것은 곧 업무의 생산성과도 직결됩니다. 이를 위해 Google Workspace는 협업의 형태에 따른 다양한 파일 공유 방법을 제공합니다.

9.1 Gmail로 파일 공유

일반적으로 협업 시에는 문서나 파일을 내부 직원 또는 외부인에게 이메일 첨부 파일로 보내는 방법을 많이 사용합니다.

이메일 첨부 파일로 보내는 방법의 가장 큰 문제점

파일 크기가 25M보다 크면 첨부할 수 없는 첨부 파일 크기 제한이 있습니다. 그리고 첨부 파일로 보낸 메일은 수신자의 자원(저장 공간)을 차지합니다. 예를 들어 서로 다른 50M 크기의 PPT 파일을 10명의 협업자에게 이메일로 보낸다고 하면 송신자뿐 아니라 수신자 10명도 모두 50M씩 총 1,000M의 저장 공간을 차지합니다.

또한, 첨부한 파일을 수정하려면 다시 보내야 합니다. 이렇게 재전송한 파일에 대한 버전 관리를 송신자나 수신자 모두 신경 써서 해야 합니다.

→ Gmail 파일 첨부

Gmail은 이러한 첨부 파일 전송 방법에 대한 문제점을 극복할 수 있는 가장 좋은 방법을 제시합니다. 바로 첨부 파일 대신 구글 드라이브를 통한 링크 방식으로 전송하는 것입니다.

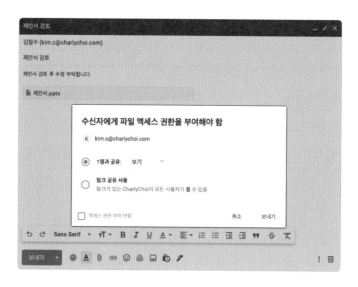

→ 구글 드라이브 파일 링크 공유

구글 드라이브 링크 방식의 장점

링크로 전송할 경우는 대용량 파일을 보낼 수 있습니다(최대 5T 파일까지 전송). 원본 파일은 내가 갖고 있고 링크 정보만 수신자에게 전송하는 방식이므로 수신자의 리소스를 차지하지도 않습니다.

아울러 버전 관리가 쉽습니다. 이미 공유한 파일에 대해서 수정 사항이 발생해도 재전송 없이 원본 파일만 업데이트하면 최신 버전으로 유지됩니다(파일 버전 관리 방법에 대한 자세한 설명은 '**4.2 협업 시 문서와 파일 버전 관리에 대한 이해**' 참고).

따라서 Gmail을 통해서 문서나 파일을 공유해야 할 경우에는 첨부 파일 방식보다는 **구글 드라이브 링크 방식**으로 전송하는 것이 좋습니다.

9.2 채팅방에서 파일 공유

팀을 구성하여 협업을 진행할 때 가장 효율적인 파일 관리 방법의 하나는 팀별 작업 공간(채팅방)을 만드는 것입니다. 그리고 멤버를 초대하여 공동으로 문서 편집 작업을 하거나 파일을 채팅방에 공유하는 것입니다.

채팅방에서의 모든 대화와 공유한 파일은 자동으로 기록되고 관리됩니다. 채팅방에서 파일 공유를 추천하는 이유는 파일 공유 시 멤버를 일일이 지정할 필요 없이 빠르게 공유 할 수 있기 때문입니다. 공유한 모든 문서나 파일 관리가 해당 채팅방 안에서 이루어지며 멤버의 할 일을 관리할 수 있습니다. 그 밖에도 파일 버전 관리가 자동으로 이루어집니다.

협업 시 공유한 문서나 파일을 채팅방 안에서 모두 관리할 수 있다는 것은 큰 장점의 하나입니다. 협업자와 공유한 문서나 파일을 찾으려고 Gmail을 검색하거나 구글 드라이브에 접속할 필요가 없습니다. 이 모든 작업은 Gmail과 통합된 채팅방 한곳에서 이루어집니다.

그러면 몇 가지 채팅방 공유 방법을 예로 들어 보겠습니다.

[예시 1] 연구소 팀과 협업 시 파일 공유하기

Google Workspace 기반에서 효율적인 협업을 위해서 가장 먼저 해야 할 작업의 하나는 협업할 부서나 팀을 위한 가상 공간을 만들고 협업할 멤버를 초대하는 것입니다. 그리고 이 가상 공간에서 협업에 필요한 모든 작업(실시간 채팅, 화상 회의, 문서 공유, 문서 관리, 할 일 관리 등)이 이루어집니다.

우선 이 가상 공간을 생성하려면 Gmail 메인 화면 또는 구글 채팅(chat. google.com)에서 채팅방(예: '연구소')을 생성합니다.

→ 채팅방 만들기

'연구소' 채팅방을 만들고 나서 이 채팅방에 참여할 멤버를 추가합니다. 멤버 각자의 이메일 주소를 입력하거나 구글 그룹스(예: research@mycompany.com)를 이용하여 그룹 주소를 입력합니다.

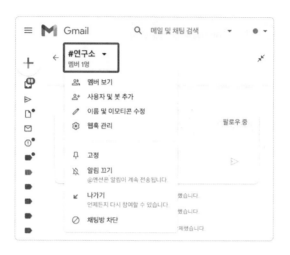

→ 만든 채팅방에 멤버 추가

연구소 팀과 협업을 위하여 공유할 문서가 있다면 구글 드라이브나 로컬 컴퓨터에서 문서를 선택하여 올릴 수 있습니다. 가능하면 로컬 컴퓨터보다는 구글 드라이브에 저장하고 이를 공유하는 방법을 권고합니다. 이유는 '4.2 협업 시 문서와 파일 버전 관리에 대한 이해'를 참고하기 바랍니다.

문서 공유 시 반드시 문서 권한은 보기, 댓글, 수정 중 하나를 선택합니다.

→ 공유 문서 권한 선택

'연구소' 채팅방에 공유한 모든 문서나 파일은 파일 탭에서 쉽게 찾을 수 있습니다.

→ [파일] 탭을 이용한 공유 파일 관리

'연구소' 채팅방에 공유한 구글 문서는 Gmail 통합 화면에서도 공동 편집 작업을 할 수 있습니다.

→ 공유 문서의 공동 편집 작업

[예시 2] 특정인만 수정 권한 부여하고 나머지는 읽기 모드로 권한 부여하는 방법

　'연구소' 채팅방에 파일을 올릴 때 권한을 보기로 설정합니다. 이렇게 하면 모든 멤버는 보기 권한만 갖게 됩니다. 그런 다음 업로드 한 파일을 열고 오른쪽 위 <공유> 버튼을 클릭하여 공유 권한을 변경합니다. 수정 권한이 필요한 특정 멤버를 입력한 후 편집 권한 부여합니다(예: 다음 그림처럼 '김철수'에게 편집 권한(편집자)을 부여하고 나머지 멤버는 보기 권한(뷰어)을 그대로 유지)

→ 개별 사용자의 공유 권한 변경

구글 드라이브에서 파일 공유

내 드라이브 또는 공유 드라이브에 저장된 폴더와 모든 문서와 파일은 기업 내부 직원뿐 아니라 외부인과도 공유할 수 있습니다(기업 보안 정책 수립 시 외부에도 문서 공유를 허용한 경우에 한해서 가능).

① 공유할 파일을 선택하고 나서 오른쪽 위 공유 아이콘(👤+) 클릭합니다.

→ 구글 드라이브에서 파일 공유

② 공유 대상자로 개별 사용자나 그룹(구글 그룹스로 생성된 그룹 메일)을 지정하고 나서 뷰어, 댓글 작성자, 편집자 중 하나로 접근 권한을 선택합니다.

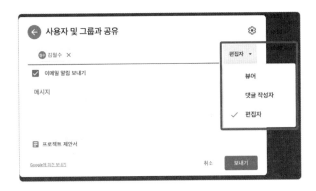

→ 접근 권한 선택

③ 오른쪽 위의 다른 사용자와 공유 설정 아이콘(⚙)을 클릭하고 다음 내용을 선택하거나 해제합니다.

- 편집자가 권한을 변경하고 공유할 수 있습니다: 이 설정은 편집 권한을 갖는 피공유자가 파일을 재공유하거나 권한을 변경할 할 수 없도록 하려는 것입니다.
- 뷰어 및 댓글 작성자에게 다운로드, 인쇄, 복사 옵션 표시: 이 설정은 보기 권한을 갖는 피공유자가 사본을 만들거나 내려받기 또는 프린트할 수 없도록 하려는 것입니다.

④ 링크 보기 대화 상자에서 문서의 링크에 대한 접근 권한을 선택합니다.

- 제한됨: 사용자 또는 그룹으로 지정한 사용자만 접근 가능. 이 권한은 공유 대상이 되는 특정인을 지정하여 권한을 부여하거나 그렇지 않은 경우는 해당 파일의 소유자만이 수정하거나 볼 수 있도록 하는 것입니다.

- 회사 도메인: 회사 도메인 계정의 모든 사용자 검색 및 접근 가능. 이 권한은 같은 도메인의 모든 사용자가 검색하여 볼 수 있게 하는 것입니다.
- 링크가 있는 모든 사용자에게 공개: 링크 정보를 가진 회사 내부 또는 외부 사용자 모두 접근 가능. 이 권한은 해당 파일의 링크 정보를 생성하여 불특정 다수 (내부 또는 외부인 모두 해당)에게 접근 권한을 허용하게 하는 것입니다.

→ 링크 보기를 이용한 권한 설정

9.4 나에게 공유된 파일 관리하는 방법

　내부 직원이나 외부인과 공동 협업 작업을 할 때가 있습니다. 이때 공동 작업을 위해서 구글 드라이브를 이용하여 파일 또는 폴더를 공유하기도 합니다. 공유한 파일이나 폴더는 공동 작업 참여자에게 이메일 알림 메시지를 통해 전달됩니다. 문서 내에서 댓글 또는 작업 할당에 의하여 내가 언급될 때도 있습니다. 이 모든 이벤트 또한 이메일로 알림 메시지가 전달됩니다.

　나에게 공유되는 파일이나 폴더는 구글 드라이브의 공유 문서함에서 찾거나 이메일로 전달된 알림 메시지에서 찾을 수 있습니다. 그러나 여러 팀 또는 다른 협업자와 공동 작업이 많아질 때는 그만큼 나에게 공유되는 문서나 파일이 많아질 수 있습니다. 이럴 때 나에게 공유된 파일을 빨리 찾고 관리하기가 쉬운 일은 아닙니다. 나에게 공유된 파일을 찾으려면 구글 드라이브의 공유 문서함을 뒤지거나 Gmail로 수신된 각종 이메일 더미에서 필요한 파일을 찾아야 합니다. 이러한 작업은 많은 시간을 소모하므로 업무의 효율을 떨어뜨리는 요소이기도 합니다.

이에 Google Workspace에서는 나에게 공유되는 파일이나 폴더를 더 효율적으로 관리하는 방법을 제공합니다.

구글 채팅에서 Google Drive 챗봇 활용하기

구글 채팅은 다양한 **챗봇**(지능형 채팅 에이전트 앱)을 제공합니다. 그중 **Google Drive 챗봇**은 구글에서 개발한 지능형 챗봇으로, 구글 채팅에서 무료로 사용할 수 있습니다.

협업하는 멤버가(내부 직원 또는 외부인 모두 해당) 나에게 파일을 공유하게 되면 보통은 다음 그림 ①처럼 알림 메시지가 이메일 메시지로 전송됩니다.

채팅에서 Google Drive 챗봇이 활성화되면 다음 그림 ②처럼 나에게 공유된 이벤트 정보를 실시간으로 알려줍니다. Google Drive 챗봇 안에서는 그동안 나에게 공유된 모든 파일을 쉽게 찾을 수 있고 문서를 바로 편집할 수도 있습니다.

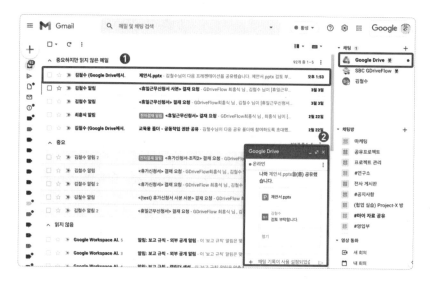

→ 이메일 알림과 Google Drive 챗봇

Google Drive 챗봇은 다음과 같은 이벤트를 자동으로 감지하여 한곳에서 보여주는 역할을 합니다.

- 나에게 새 파일이나 폴더가 공유될 때
- 새 댓글 또는 작업 할당에 내가 언급(@멘션)되거나 내게 할당될 때
- 내가 소유한 파일에 대한 접근 권한을 요청하는 사용자가 있을 때
- 저장 용량이 얼마 남지 않았을 때

이처럼 Google Drive 챗봇을 활용하면 나에게 공유된 모든 문서나 파일을 한곳에서 쉽게 찾을 수 있습니다. 이와 함께 이메일로 수신되는 알림 메시지보다 빠르게 실시간으로 알림을 받을 수 있다는 장점도 있습니다. 구글 문서 안에서 댓글로 내가 언급된 경우 이메일 알림 메시지는 즉시 전송되지 않고 때로는 몇 분 후에 도착하기도 합니다.

Google Drive 챗봇 활성화 방법

Google Drive 챗봇뿐만 아니라 다양한 서드파티 챗봇을 사용하려면 아래와 같은 순서대로 챗봇을 추가하면 됩니다. 우선 Gmail 오른쪽 위의 채팅 시작 아이콘(➕)을 클릭하여 봇 찾기 메뉴를 선택합니다.

→ 채팅 시작 아이콘 클릭 후 [봇 찾기] 선택

봇 찾기에서 'Google Drive' 키워드로 검색 후 Google Drive 챗봇을 추가합니다.

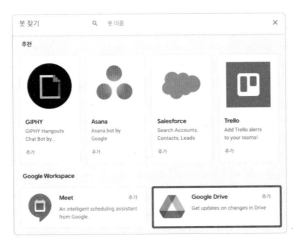

→ 봇 찾기에서 Google Drive 추가

Google Drive 챗봇이 추가된 후 반드시 알림을 사용 설정하시겠습니까?에서
예를 클릭해야 합니다.

→ 알림 사용 설정하기

Google Drive 챗봇이 정상으로 설치되면 다음과 같이 채팅 목록에 Google
Drive 챗봇이 활성화됩니다.

→ 활성화된 Google Drive 봇

이 챗봇이 활성화된 후에는 나에게 공유되는 파일 또는 문서의 모든 이벤
트가 이 구글 드라이브 챗봇을 통해서 알림으로 도착하고 해당 파일을 확인

할 수 있게 됩니다.

- 공유한 사람의 이메일 주소와 파일 이름
- 문서의 첫 페이지 미리 보기
- 문서 이름 표시
- 공유자가 보낸 공유 메시지 표시

→ Google Drive 챗봇을 통해 공유된 문서 확인

9.5 협업 팀원에게 공유한 파일 관리 방법

원격에서 동료나 외부 협력사와 협업으로 작업할 때 문서나 파일을 주고받
는 일이 자주 발생합니다. 이러한 파일을 관리하는 것도 만만한 작업이 아닙
니다. 이에 Gmail 통합 채팅방에서는 협업을 위하여 주고받았던 파일을 효율

적으로 관리할 수 있는 기능을 제공합니다.

협업하는 멤버와 파일이나 문서를 공유하는 방법에는 여러 가지가 있을 수 있습니다(이메일 첨부 파일 또는 이메일 본문에 구글 드라이브 링크 첨부로 공유, 구글 드라이브에서 직접 공유). 이 중에서 공유하는 절차나 공유 후 관리하는 방법 모두를 고려할 때 가장 효율적인 방법은 채팅방에서 파일이나 문서를 공유하고 관리하는 것입니다.

'3.1 Gmail에 통합된 채팅'의 '채팅방에서 파일 관리하기'에서 언급한 바와 같이 채팅방의 파일 탭을 통해서 채팅방에서 공유되는 모든 파일이나 문서를 관리하는 기능을 제공하고 있습니다. 협업하는 멤버나 팀원은 채팅방에서 문서나 파일을 공유하고, 공동 작업의 모든 과정은 이 채팅방에서 관리합니다.

협업하는 멤버와 그동안 공유했던 파일이나 문서를 찾을 때도 채팅방의 파일 탭을 이용하면 됩니다.

→ 채팅방의 파일 관리 기능

직장에서 일하는 대부분이 업무용 이메일로 지나치게 과부하를 받습니다. 하루에도 수십 통, 수백 통씩 수신하는 이메일에 대해 답장을 바로 보내야 할지 일일이 확인해야 하고, 내가 만들고 공유하는 많은 파일을 정리하거나 필요할 때 관련 파일을 찾는 일에 많은 시간을 보냅니다.

구글은 Google Workspace 안에서 업무의 생산성을 높이는 작업을 계속하고 있습니다. 예를 들어 구글이 지속적으로 개발하고 발전시키는 **머신러닝 (machine learning)**에 기반을 둔 **인공지능** 기술을 구글 드라이브에도 접목했습니다. 구글 드라이브에 적용한 머신러닝 기술은 구글 드라이브에서 내가 문서 작업하는 패턴을 학습하고 이를 바탕으로 내가 이후 어떤 작업을 할 수 있는지 예측할 수 있습니다.

예를 들면, 필자가 매주 월요일 오전에만 작업하는 문서가 있습니다(주간 업무 회의를 위한 보고서로, 월요일 오전 주간 회의 시 사용하기 위하여 작성하는 문서). 이때 구글 드라이브는 내 작업 패턴을 분석합니다. 그 결과 월요일 오전에 출근하여 드라이브에 접속하면 '우선순위' 목록에서 내가 작업해야 할 문서 중에서 가장 순위가 높은 것을 먼저 보여줍니다. 이는 드라이브 안에서 해당 문서를 검색할 필요 없이 바로 문서를 확인하여 작업할 수 있다는 의미입니다. 따라서 월요일 오전에 구글 드라이브에 접속하면 '우선순위' 목록에 내가 작업해야 할 '주간 업무 보고서' 문서가 제일 먼저 보입니다.

이러한 머신러닝 기술이 사용자의 업무 효율을 높이는 데 많은 도움을 줍니다.

→ 구글 드라이브의 우선순위에서 내가 작업할 문서 후보 표시

구글의 우선순위 머신러닝 기술에 대한 자세한 설명은 구글에서 발표한 논문(영문)*을 참고하기 바랍니다.

Quick Access: Building a Smart Experience for Google Drive (영문)

https://bit.ly/3uVKND1

제10장

온라인 웨비나 활용

코로나19가 일하는 방식뿐만 아니라 많은 사람이 회의장에 모여서 진행하는 세미나에도 많은 영향을 주었습니다. 학교에서는 등교하지 못한 학생 대상으로 비대면으로 양방향 온라인 수업을 하고 기업에서는 내부 직원 대상의 교육이나 외부 잠재 고객 대상으로 비대면 방식의 온라인으로 세미나를 해야 할 경우가 많아졌습니다.

일반적으로 온라인으로 세미나를 진행하는 것을 **웨비나(Webinar)**라 합니다. 웨비나는 웹(Web)과 세미나(Seminar)의 합성어로, 인테넷을 통해 세미나, 회의, 실시간 정보 교환, 쌍방향 프레젠테이션을 하는 것을 의미합니다.

Google Workspace는 양방향 온라인 수업이나 온라인 웨비나에 매우 적합한 플랫폼을 제공합니다.

불특정 다수의 잠재 고객을 대상으로 신제품을 소개하거나 제품 관련 교육을 효과적으로 진행하려면 많은 사람이 동시에 참석할 수 있는 온라인 화상 회의 솔루션이 필요합니다. 이뿐만 아니라 온라인 참가 신청서를 만들고, 배포하고, 신청서 접수를 받고, 신청자에게 초대장을 보내고, 예정된 일정에 맞추어서 온라인 웨비나에 참석할 수 있도록 하는 효율적인 도구가 필요합니다.

Google Workspace에서 제공하는 구글 Meet 화상 회의 서비스는 제품 버전별로 온라인으로 참석할 후 있는 최대 인원수 제한이 있습니다.

표 화상 회의 버전별 제한 인원

	Business Starter	Business Standard	Business Plus	Enterprise Essentials	Enterprise Standard	Enterprise Plus
최대 인원수	100	150	250	150	250	250

10.1 웨비나 참가 신청서 만들기

웨비나를 진행하려면 우선 참석자를 모으고 온라인으로 참가 신청을 하기 위한 작업이 필요합니다. 온라인 참가 신청서는 구글 설문지를 이용하여 작성합니다. 설문지는 스프레드시트와 자동 연동되므로 참가 신청자의 정보를 수집하고 관리할 수 있습니다.

온라인 참가 신청서(구글 설문지)는 웨비나를 진행하는 기업에서 홈페이지를 통해서 공지하거나 SNS 또는 이메일 배포를 통해서 공지할 수 있습니다. 참가자가 온라인 신청서를 작성하면 접수 확인 이메일 또는 추후 안내 이메일을 보내야 합니다. 이때 스프레드시트의 부가 기능 모듈을 활용하면 자동 응답 이메일을 보낼 수 있습니다.

① 템플릿 갤러리에서 설문 템플릿 선택합니다.

행사 참가 신청을 위한 구글 설문지는 구글 드라이브에서 <새로 만들기> 버튼을 클릭하고 Google 설문지를 선택하여 생성합니다.

→ 구글 설문지 만들기

설문지는 빈 양식으로 만들 수 있고 템플릿 갤러리에서 적당한 템플릿을 선택해서 수정할 수도 있습니다. 여기서는 템플릿 갤러리의 행사 등록이라는 템플릿을 활용해 보도록 하겠습니다.

→ '행사 등록' 템플릿 선택

② 설문지 템플릿을 수정하고 편집합니다.

행사 등록 템플릿을 선택한 후 다음과 같이 웨비나 제목과 설문 항목 등을

추가하거나 수정합니다(예: Google Workspace 교육 웨비나 참가 신청서).

Google Workspace 교육 웨비나
행사 기간: 20XX년 1월 4일~6일
행사장 주소: 서울시 강남구 가나다로 123, 12345
연락처 정보: (+82) 000-0000 또는 no_reply@example.com

이름 *
단답형 텍스트

Email *
단답형 텍스트

소속 *
단답형 텍스트

→ 템플릿 수정

③ 설문지 배포에 필요한 내용을 설정합니다.

설문지를 온라인으로 배포할 때 반드시 설정해야 할 항목이 있습니다. 만일 설문지 응답을 1회로 제한한다면 설정에서 로그인 필요를 선택해야 합니다. 이를 선택하면 설문지 응답하는 사람은 반드시 구글 계정이 있어야 합니다.

불특정 다수를 상대로 온라인 참가 신청서를 받는다면 구글 계정이 없을 수 있습니다. 따라서 응답 회수 1회로 제한 옵션은 가능하면 선택하지 않는 것이 좋습니다(응답을 1회 이상 하더라도 나중에 응답 스프레드시트에서 데이터를 처리할 수 있습니다).

→ 설문지 옵션 설정

④ 설문지 응답 시트를 만듭니다.

설문지가 완성되면 다음 단계로 응답 시트를 만들어야 합니다. 응답 탭을
선택한 다음 스프레드시트 만들기 아이콘(➕)을 클릭하여 응답 시트를 만듭
니다.

→ 응답 시트 만들기

그러면 다음과 같은 응답 데이터 저장용 스프레드시트가 만들어집니다.

→ 응답 데이터 저장용 스프레드시트

설문 접수 시 자동으로 이메일 답장 보내기(선택)

참가자가 설문지에 응답하면 자동으로 설문지에 연결된 스프레드시트에 응답한 결과가 저장됩니다. 이때 설문지에 응답한 참가자에게 응답 메시지를 보낼 필요가 있습니다.

스프레드시트에서 제공하는 부가 기능 메뉴에서 서드파티 도구를 활용하여

이메일 자동 응답을 구현할 수 있
습니다. 서드파티 도구를 활용하여
자동 이메일 답장 보내기에 대한
자세한 활용 방법은 다음 블로그*
를 참고하시기 바랍니다.

구글 설문지 접수 시 자동 이메일
응답 메시지 보내기

https://charlychoi.blogspot.com/
2016/02/blog-post_25.html

10.2 웨비나 참가 신청서 배포하기

웨비나 참가 신청서(구글 설문지)를 배포하는 방법에는 두 가지가 있습니다.

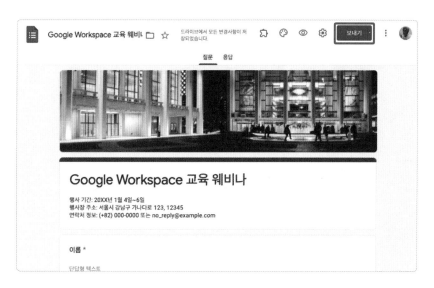

→ 만든 구글 설문지 배포

첫째, 이메일 본문 내용에 설문지를 포함하여 배포하기

→ 이메일에 설문지 포함

이메일로 설문지를 받으면 다음과 같이 이메일 본문에서 바로 설문에 응답할 수 있습니다.

→ 이메일에서 바로 응답 가능

둘째, 설문지 단축 URL로 배포하기

설문지 보내기에서 단축 URL 만들기로 링크를 만든 후 해당 링크를 이메일로 보내거나 홈페이지 또는 SNS를 통해서 배포할 수 있습니다.

→ 단축 URL로 설문지 배포

웨비나를 위한 캘린더 일정 만들기

구글 Meet로 온라인 웨비나를 진행하려면 캘린더 이벤트를 만든 후 참석자를 초대하는 것이 좋은 방법의 하나입니다. 온라인 참가 신청서를 통해서 접수를 받으면 스프레드시트로 이메일 주소를 자동으로 수집할 수 있는데, 이렇게 수집한 이메일 주소를 이용하여 구글 캘린더 이벤트를 생성하여 초대하면 됩니다.

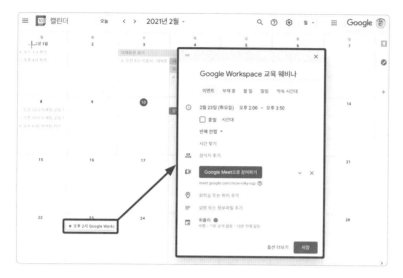

→ 구글 캘린더로 참석자 초대

10.3 참가 신청자에게 초대장 보내기

웨비나 참가 신청서로 수집한 데이터는 설문에 연결된 스프레드시트에 자
동으로 저장됩니다.

→ 온라인 참가 신청서로 수집한 데이터

이렇게 수집한 이메일을 복사하여 캘린더 이벤트의 참석자에 붙여 넣으면

됩니다. 이때 참석자 권한은 모두 비워 두어야 합니다. 참석자가 캘린더를 통해서 다른 참석자의 명단을 볼 수 있기 때문에 참석자 명단 보기 등의 권한은 허용하지 않는 것이 좋습니다.

→ 참석자 추가와 참석자 권한 설정

캘린더 이벤트를 통해서 초대되면 초대받은 사람은 이메일로 다음과 같은 메시지를 받습니다. 참석할 의사가 있으면 해당 이메일 메시지에서 <예>를 클릭하면 됩니다. 그러면 내 캘린더에 이벤트 일정이 잡히고 초대자(주최자) 캘린더에는 참석자로 표시됩니다.

→ 이메일로 참석 여부 확인

초대자(주최자) 캘린더에서 초대 수락자와 회신 대기자 명단 등 참석자 정보를 확인할 수 있습니다(예: 초대 수락자는 '최흥식*'으로 표시됩니다).

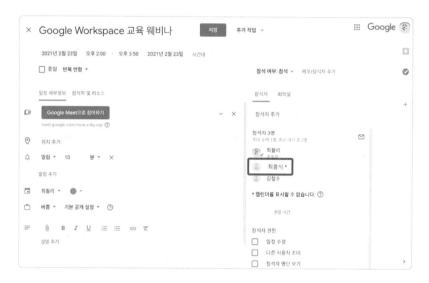

→ 참석자와 회신 대기자 정보 확인

온라인으로 웨비나 참석하기

온라인 웨비나에 초대된 참석자는 캘린더 이벤트로 초대 메시지를 받고 참석 의사를 확인하면 내 캘린더 일정에 등록됩니다. 캘린더 일정에 맞추어서 <Google Meet으로 참여> 버튼을 클릭하면 바로 온라인 웨비나에 참석할 수 있게 됩니다.

만일 캘린더 이벤트 초대 없이 참여하려면 다음과 같이 Google Meet 코드를 알아야 합니다(예: https://meet.google.com/vrp-drhh-ybr). 브라우저에서 해당 링크를 클릭하면 웨비나에 참여할 수 있습니다.

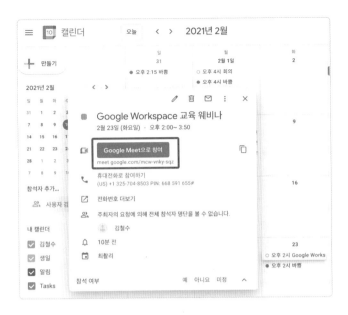

→ 참여 버튼과 참여 코드

캘린더 이벤트로 초대되어 웨비나에 참여할 경우는 시작 10분 전에 접속하면 바로 웨비나에 참여할 수 있으나 회의 시작 10분 이후라면 주최자가 참여를 허락해야 참여할 수 있습니다.

→ Google Meet 참여하기

03부

...

실무 활용 워크숍
진행하기

본 워크숍에서는 비즈니스 환경에서 나타날 수 있는 전형적인 협업 유형 중의 하나를 선택하여 Google Workspace 협업 도구를 실무에서 어떻게 활용하는지 그 과정을 워크숍을 통해 소개하고자 합니다.

코로나19로 인해 재택에서 근무하는 마케팅팀이 있습니다. 신규 고객 확보를 위한 공동의 마케팅 프로젝트를 원격 협업을 통해서 진행하려고 합니다. 협업을 위한 작업 환경을 만들기, 팀원과 협업을 통해서 공동 프로젝트 계획서 만들고 프로젝트 일정 체크하기, 최종 완료된 계획서 승인 결재 받기 등의 과정이 필요합니다. 앞선 순서대로 예시를 들어 보겠습니다.

제11장

공동 프로젝트
시작

일정 관리 또는 프로젝트 관리용 서드파티 앱은 많습니다. 그러나 대부분 유료이거나 국내 실정에 맞지 않은 경우도 많고 비용 대비 기대 효과가 그리 크지 않을 수도 있습니다. 이뿐만 아니라 재택근무하는 팀원과 공동으로 프로젝트를 시작하고 진행 과정을 체크하고 공동으로 문서 작업을 하고 목표한 일정에 맞춰서 프로젝트를 완료하기까지 모든 과정을 효과적으로 관리하는 것은 쉬운 일은 아닙니다.

재택근무 업무 방식은 사무실로 출근해서 일하는 방식과는 다를 것입니다. 그리고 원격에서 팀원과 대화를 나누거나 화상 회의를 하려면 각 팀원의 근무 상태를 알고 있어야 효율적인 회의를 할 수 있습니다. Google Workspace에서 제공하는 기본적인 도구만 잘 활용할 수 있어도 협업을 위한 일정이나 프로젝트 관리를 효율적으로 할 수 있습니다.

이때 공동으로 프로젝트 계획, 일정 관리, 진행 상태, 비용 관리, 담당자 정보를 공유하고 공동으로 편집 작업을 하고 프로젝트를 효율적으로 관리하는 데 구글 스프레드시트만큼 좋은 도구는 없습니다.

Google Workspace 기반으로 원격에서 재택근무하는 팀원과 효율적으로 공동 프로젝트를 진행하기 위한 절차와 방법을 소개합니다.

- 첫째, 나의 근무 시간대와 부재중인 상태 설정하기
- 둘째, 공동 프로젝트 일정과 관리를 위하여 구글 스프레드시트 활용하기
- 셋째, 팀원과 공동 작업, 전체 진행 과정과 산출물을 관리하기 위한

11.1 나의 근무 시간대와 부재중인 상태 설정하기

재택에서 근무할 때는 일반적으로 회사에 출근하여 오전 9시부터 오후 6시까지 근무하는 방식과는 다르게 탄력적인 근무 시간이 필요할 수 있습니다.

탄력적인 근무는 월요일에서 금요일까지 요일별로 근무 시간대가 다를 수 있고 하루 일과 중에 급하게 개인적인 일을 해야 할 시간대가 있을 수 있습니다. 이에 대한 탄력적인 나의 근무 시간대를 설정하여 협업하는 동료가 이를 인지할 수 있도록 설정할 필요가 있습니다. 자세한 설정 방법은 '7.5 재택근무 시 탄력 근무 시간대 설정하기'를 참고하시기 바랍니다.

11.2 팀원과 공동 작업하기 위한 커뮤니케이션 채널 만들기

Google Workspace에는 원격 협업 작업을 위한 매우 효율적인 도구를 제공합니다. 이러한 도구와 공동 편집 작업이 가능한 구글 스프레드시트를 결합하여 사용한다면 효율적으로 프로젝트를 관리할 수 있습니다.

원격 협업 작업을 통해서 공동 프로젝트를 진행하려면 Google Workspace의 중요한 몇 가지 협업 도구(구글 그룹스, 채팅방, 스프레드시트)를 이용하여 효율적인 커뮤니케이션 채널과 협업 작업 환경을 갖추어야 합니다.

팀을 위한 이메일 목록 만들기

앞서 '8.1 이메일 목록 만들기'에서 설명한 것처럼 협업하는 팀원 간에 효율적인 커뮤니케이션을 위해서는 팀원을 위한 이메일 목록을 만들어야 합니다. 예를 들어 마케팅팀에서 신규 고객을 유치하기 위한 공동 마케팅 프로젝트를 진행한다고 하면 구글 그룹스로 marketing@mycompany.com 그룹 메일을 생성하고 이 그룹에 마케팅 팀원을 멤버로 넣어야 합니다.

팀을 위한 작업 공간 만들기

원격에서 팀원 간의 공동 프로젝트 협업을 위해서는 공용 작업 공간이 필요합니다. 이 작업 공간 안에서 팀원 간에 자유롭게 실시간 대화나 토론을 할 수 있고 공유된 파일을 관리하고 공동 문서 작업을 하고 할 일 관리도 하고 필요할 땐 멤버 간에 화상 회의도 할 수 있습니다.

재택근무 중인 팀원 간에 공동 프로젝트를 진행하려면 채팅방 활용은 어떻게 보면 필수 사항일 수 있습니다.

채팅방 만들기

Gmail 통합 메뉴에서 채팅방 오른쪽의 ➕ 아이콘을 클릭하고 채팅방 만들기 를 선택합니다.

→ 채팅방 만들기

조직 외부인은 채팅방에 참여할 수 없어야 한다면 조직 외부 사용자가 참여하도록 허용 옵션은 선택하지 말아야 합니다.

→ 채팅방 만들기 옵션

채팅방에 멤버 추가하기

채팅방 생성 후 참여할 멤버로 이전에 구글 그룹스로 생성한 marketing@mycompany.com 그룹을 추가합니다.

→ 채팅방 참여 멤버 추가

협업 문서 공유와 관리

공동 프로젝트에서 발생하는 모든 문서나 파일은 가능하면 채팅방 안에서 공유하는 것이 좋습니다. 채팅방에 올린 파일이나 문서는 모든 멤버에게 자동으로 공유됩니다. 업로드 시 공유 권한 옵션은 보기, 댓글, 수정 중 선택합니다.

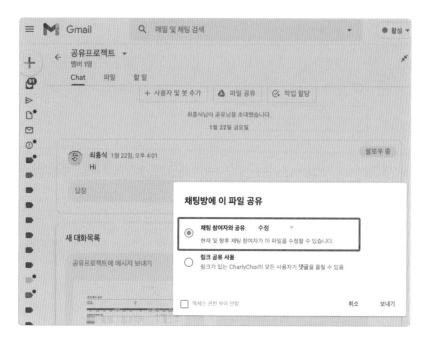

→ 채팅방에서 파일 공유

채팅방에 공유한 모든 문서나 파일은 채팅방의 파일 탭에서 파일, 게시자, 게시일을 확인하고 드라이브에 바로가기 추가(), 드라이브 내에서 이동(), 채팅에서 보기() 등을 진행할 수 있습니다.

→ 채팅방에서 공유한 파일 관리

팀을 위한 할 일 관리하기

팀원의 할 일 관리는 채팅방의 할 일 탭에서 관리할 수 있습니다. 팀원의 할 일을 제목, 목표 완료 날짜, 담당자를 지정하여 추가할 수 있습니다. Gmail의 할 일 메뉴(⊘)에서 완료된 일은 체크하여 할 일 목록에서 완료됨 목록으로 이동합니다.

→ 할 일을 추가하고 담당자 할당

제12장

공동 프로젝트
계획서 완성

다음은 원격에서 근무하는 멤버와 협업을 통해서 공동 프로젝트를 위한 계획서를 완성하기까지 Google Workspace 도구를 모두 활용하는 과정입니다.

- 나의 할 일 목록에 회의 주최를 위한 계획 등록
- 캘린더에서 회의 일정 만들기
- 회의에 참석할 참석자 추가하기
- 근무 시간대가 다양한 모든 참석자에게 맞는 시간 찾기
- 회의실 예약하기(오프라인 회의 시)
- 온라인 회의를 위한 화상 회의 설정하기(온라인 화상 회의 시)
- 드라이브 안에서 회의 주제를 위한 초안 만들기
- 캘린더 회의 일정에 세부 정보(회의 주제 초안 첨부) 추가하기
- 이메일로 초대장 보내기
- 초대받은 사람의 참석 여부 확인하기
- 회의 일정에 맞게 회의 참여하기
- 캘린더 일정에 첨부된 공유 문서 열고 공동 편집 작업하기
- 주제 문서에 댓글로 업무 할당하기
- 진행 상황 추적을 위한 후속 이메일 보내기
- 담당자에게 댓글로 업무 할당하여 진행 상황 체크하기
- 공동 프로젝트 계획서를 작성하고 진행 상황 체크하기

내 할 일 목록에 해야 할 일 등록

Gmail 로그인 후 오른쪽 사이드바에서 Tasks 아이콘(✅)을 클릭하고 나서 할 일 목록에 공동 프로젝트를 위한 할 일을 등록합니다.

→ 할 일 등록

캘린더에서 회의 일정 만들고 참석자 추가하기

캘린더 이벤트 생성하기

① 회의를 위한 이벤트 이름을 입력합니다.

② 회의에 참석할 참석자 추가합니다.

이메일 목록(그룹 메일)으로 대규모 그룹의 멤버를 한 번에 초대할 수 있습니다.

③ 옵션을 설정합니다.

세부 이벤트 항목을 추가합니다(참석자 시간대 찾기, 회의실 예약, 화상 회의 설정, 공유할 문서 첨부 등).

→ 캘린더에 이벤트 생성

근무 시간대가 다양한 참석자를 위한 적절한 회의 시간 찾기

회의에 참석할 모든 참석자의 근무 시간대에 맞추어서 일정을 잡으려면 캘린더가 제공하는 권장 시간을 이용하면 참석자의 가용한 시간대를 모두 자동으로 확인하여 권장 시간 후보 목록을 보여줍니다.

→ 권장 시간을 활용하여 회의 시간 정하기

회의실 예약하기(오프라인 회의 시 선택)

회사 내부 회의실에서 회의를 해야 할 때는 관리자가 등록한 회의실 목록을 보고 사용할 수 있는 회의실을 찾아 예약할 수 있습니다.

이를 위해서 Google Workspace 관리자는 회사에서 운영하는 모든 회의실(본사, 지사 모두 등록 가능)을 관리 콘솔(admin.google.com)에 리소스로 등록해야 합니다.* 등록된 회의실은 캘린더에서 가용 목록을 통해 예약할 수 있습니다.

캘린더 리소스 관리하기

https://support.google.com/
a/answer/1686462?hl=ko

→ 오프라인 회의실 예약

온라인 회의를 위한 화상 회의 설정하기

화상 회의를 위하여 구글 Meet를 설정합니다. 회의 ID와 참여할 수 있는 전화번호와 접속 핀 번호를 확인합니다. 현재는 한국에서 직접 걸 수 있는 지역 번호는 제공하지 않으므로 한국을 제외한 다른 국가에서 접속할 수 있는 전화번호 목록입니다.*

구글 Meet 화상 회의에 참석하는 방법에는 두 가지가 있습니다. 인터넷을 통해서 테스톱용 브라우저나 스마트폰용 구글 Meet 앱으로 참석하거나 인터넷을 사용할 수 없는 환경에서 전화를 이용하여 음성으로만 참석하는 방법이 있습니다. 전화를 이용할 수 있도록 구글은 국가별 지역 전화 접속 번호를 제공합니다(이 국가별 접속 번호에는 한국 접속 번호는 아직 제공하고 있지 않습니다).

만일 한국에서 구글 Meet 회의에 전화로 접속하여 참여하려면 한국 지역 번호는 제공되고 있지 않지만, 기본 접속 번호로 제공하는 미국 접속 번호로 연결하여 참석할 수는 있습니다(단, 국제 전화로 연결되어 국제 전화 통화 요금이 부과될 수 있습니다).

구글 Meet 접속
전화번호 목록

https://meet.google.com/
tel/fgm-gixp-jsg

→ 화상 회의용 Google Meet 설정

구글 드라이브에서 회의 주제를 위한 초안 생성

협업팀과 공동 편집 작업을 위하여 구글 문서로 초안을 생성한 다음 캘린더 이벤트 세부 정보에서 첨부 파일로 공유합니다. 이때 템플릿을 활용하면 빠르게 초안 형식을 만들 수 있습니다.

→ 템플릿을 이용한 회의용 초안 생성

캘린더 회의 일정에 세부 정보 추가하기

회의 일정을 위한 세부 정보에 필요한 내용(공유할 첨부 파일 추가, 회의에 대한 부연 설명 등)을 입력합니다. 파일을 첨부하려면 첨부 파일 추가 아이콘(📎)을 클릭하고 원하는 파일을 선택하면 됩니다.

→ 회의 일정에 파일 공유와 세부 정보 추가

12.2 이메일로 초대장 보내기

세부 정보 입력까지 끝났다면 일정을 저장하고 초대장을 보냅니다.

① <저장> 버튼을 클릭합니다.

② 다음 옵션 중 하나를 선택합니다.

- 보내기: 이메일을 통해 참석자에게 알립니다.
- 보내지 않음: 지금은 참석자에게 알리지 않습니다.
- 수정 모드로 돌아가기: 초대 수정을 계속합니다.

Google Calendar 참석자에게 초대 이메일을 보내시겠
습니까?

⑦　　　　　수정 모드로 돌아가기　　보내지 않음　　보내기

→　초대 이메일 보내기

③ 조직 외부 사용자를 초대할 때는 다음 중 하나를 선택합니다.

▪ 외부 참석자 초대: 참석자에게 알립니다.

▪ 계속 수정: 참석자에게 나중에 알립니다.

조직 외부 참석자

다음은 조직 외부 참석자입니다. happystraycat@gmail.com. 초대
하시겠습니까?

계속 수정　　외부 참석자 초대

→　조직 외부 참석자 초대

④ (선택 사항) 일정 생성 시 또는 생
성 후 세부 일정을 입력하거나 편집하
려면 일정 수정 페이지에서 옵션 더 보
기를 클릭합니다.

→　세부 일정 입력 또는 편집하기

초대장 확인 후 참석 여부 결정

초대받은 사람은 초대장 이메일을 받게 됩니다. 수신한 초대장에서 캘린더 세부 정보를 확인한 후 참석 여부를 선택합니다. <예>, <미정>, <아니요> 버튼으로 참석 여부를 통보하거나 <추가 옵션>을 이용하여 새로운 시간을 제안하거나 메모를 추가할 수 있습니다.

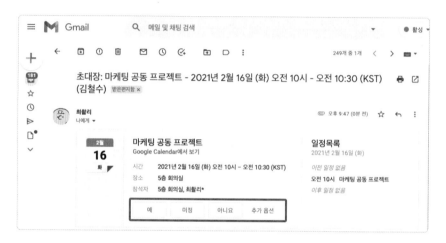

→ 회의 초대장 확인 후 참석 여부 알림

회의 일정에 맞게 회의 참여하기

캘린더 이벤트를 통해서 초대된 회의에 참여하는 방법에는 3가지가 있습니다.

Gmail에서 회의에 참여하기

- Gmail에 로그인
- 오른쪽 아래 사이드바에서 내 회의를 클릭 후 참여할 회의를 선택하고 <지금 참여하기> 버튼 클릭

→ Gmail에서 회의 참여하기

캘린더에서 회의에 참여하기

- 캘린더(calendar.google.com)에서 참여하려는 일정을 클릭

- <구글 Meet으로 참여> 버튼 클릭

- 창이 열리면 <지금 참여하기> 버튼 클릭

구글 Meet에서 회의에 참여하기

구글 Meet에서 예약된 일정을 선택하거나 회의 코드 또는 닉네임 입력할
수 있습니다.

- 구글 Meet(meet.google.com)에 접속
- 예약된 일정 목록에서 참여할 회의를 선택

→ 구글 Meet에서 회의 참여

캘린더 일정에 첨부된 공유 문서 열고 공동 편집 작업하기

회의에 참여하기 전에 이메일로 전송된 초대장의 첨부 파일을 열고 문서 내용을 확인합니다. 그리고 회의가 시작되면 문서 내용을 같이 보면서 공동 편집 작업을 하거나 검토합니다.

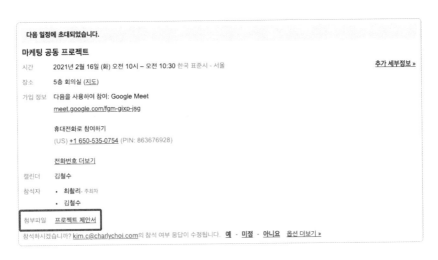

→ 초대장의 첨부 파일 확인

주제 문서에 댓글로 업무 할당하고 진행 상황 체크하기

구글 문서를 사용하는 가장 큰 장점의 하나는 여러 명이 동시에 공동 편집 작업이 가능하다는 것입니다(최대 50명). 문서 내용 중 특정한 영역을 선택 후 댓글을 입력하고 팀원에게 할당할 수 있으며 할당 댓글을 통해서 진행 상황을 체크할 수도 있습니다.

공동 프로젝트 계획서 작성과 관리

팀장은 제일 먼저 프로젝트 계획과 일정 관리를 위한 스프레드시트 초안을 생성합니다. 이때 구글 스프레드시트를 이용하여 공동 편집 작업을 하려면 몇 가지 주의 사항과 필수로 사용해야 할 기능이 있습니다.

프로젝트 계획과 일정 관리용 스프레드시트 만들기

프로젝트 관리를 위한 스프레드시트에는 용도에 따라 여러 가지 관리 항목이 있을 수 있습니다. 그러나 가장 기본 관리 항목인 '프로젝트 이름', '프로젝트 관리자', '프로젝트 세부 정보'(상태, 우선순위, 시작일, 종료일, 기간, 작업명, 담당자, 설명), '결과물'(결과물, 완료 비율), '비용/시간'(고정비용, 예상 소요 시간, 실제 소요 시간) 등으로 프로젝트 관리용 스프레드시트를 생성할 수 있습니다.

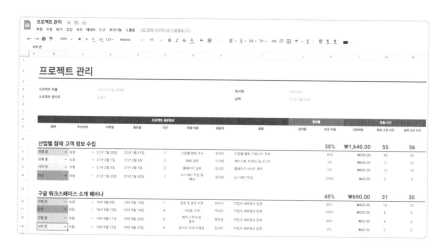

→ 프로젝트 관리용 스프레드시트

프로젝트 부가 설명 삽입하기

열 또는 셀을 선택한 후 마우스 오른쪽 버튼을 클릭하여 메모 삽입 메뉴를 선택합니다. 그러면 프로젝트에 대한 설명을 메모로 추가할 수 있습니다.

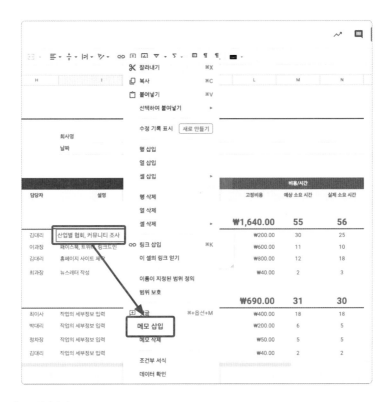

→ 메모로 설명 추가

진행 상태 목록 만들기

협업하는 멤버가 스프레드시트 편집 작업 시 허용하지 않은 데이터 입력 실수 방지와 빠른 입력을 위한 방법이 있습니다. 협업을 통해서 공동으로 편집 작업을 해야 할 때 이 기능은 필수입니다.

셀에 허용하는 목록만 보여주고 선택할 수 있게 하거나 데이터의 허용 범위를 지정하거나 지정된 날짜 범위의 데이터만 입력을 할 수 있도록 할 수 있습니다. 이렇게 하면 허용되지 않은 데이터를 실수로 입력하는 것을 방지할 수 있습니다.

예를 들면, 프로젝트 진행 상태에는 '진행 중', '보류 중', '시작 전', '완료' 중 하나만 선택하게 할 수 있습니다. 우선순위 항목도 '높음', '낮음', '보통' 중 하나를 선택하게 합니다. 시작일과 같은 날짜 입력은 직접 날짜를 입력하는 것보다는 캘린더를 보여주고 날짜를 선택하도록 합니다.

셀에 목록 만들기 방법

① 목록을 추가할 열을 선택합니다.

② 스프레드시트 데이터 메뉴에서 데이터 확인을 클릭합니다.

③ 기준:에서 항목 목록을 선택하고 오른쪽 입력 상자에 '진행 중, 보류 중, 시작 전, 완료'를 입력합니다.

④ 설정이 끝났다면 <저장> 버튼을 클릭합니다.

→ 제한할 입력 값 설정 모습

진행 상태를 색깔로 구별하기

프로젝트 진행 상태를 직관적으로 나타내는 방법은 색깔별로 구별하여 표시하는 것입니다. 예를 들어, '완료' 상태는 진한 녹색, '시작 전' 상태는 연한 녹색 등으로 표시합니다.

→ 색깔로 진행 상태를 표시

스프레드시트를 공유하는 멤버는 데이터를 쉽게 볼 수 있어야 합니다. 스프레드시트에서는 조건부 서식 기능을 통해서 특정한 조건에 만족하는 데이터에 대해 배경색을 지정할 수 있습니다. 이를 통해 직관적으로 데이터를 분석할 수 있습니다. 서식 메뉴에서 조건부 서식을 선택하면 다음과 같이 조건에 따른 서식을 설정할 수 있습니다.

→ 조건부 서식 지정

중요한 영역 보호하기

셀 영역 보호

내가 생성한 스프레드시트를 팀원과 공동 편집 작업을 해야 할 때 팀원에게는 편집 권한을 부여하여 공유해야 합니다. 공동 작업 시 함부로 수정하면 안 되는 민감한 시트나 특정 데이터가 있을 수 있습니다. 이런 민감한 내용을 보호하려면 공동 편집자가 수정하지 못하도록 할 필요가 있습니다.

스프레드시트에는 보호된 시트와 범위 기능이 있습니다. 특정한 시트의 셀 범위를 지정하여 공동 편집자가 이 범위는 수정하지 못하도록 설정할 수 있습니다. 스프레드시트의 데이터 메뉴에서 보호된 시트와 범위를 선택하면 보호할 범위를 지정할 수 있으며 사용자를 제한할 수도 있습니다.

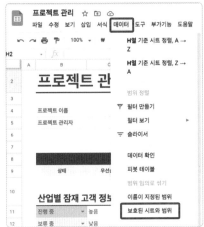

→ 시트와 셀 보호

시트 보호

팀원 중 일부에게는 보기 권한만 줄 때가 있습니다. 스프레드시트에는 보기 권한자가 보면 안 되는 민감한 시트가 있을 수 있습니다. 이럴 때는 선택한 시트를 숨기면 보기 권한만 있는 사용자는 해당 시트를 볼 수 없게 됩니다.

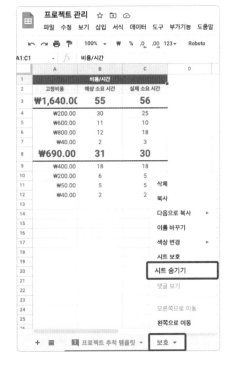

→ 시트 숨기기

원본 데이터 순서 바꾸기 방지

협업 멤버가 특정 칼럼을 정렬해서 봐야 할 때가 있습니다. 스프레드시트를 공유한 멤버가 정렬을 시도하면 원본의 데이터 순서가 바뀌게 됩니다. 이를 방지하고자 원본의 데이터에는 영향을 주지 않고 원하는 칼럼의 데이터를 작업자만 정렬해서 볼 수 있게 할 수 있습니다. 스프레드시트에서는 데이터 메뉴의 필터 보기 기능을 이용하면 원본에는 영향을 주지 않고도 정렬해 볼 수 있습니다. 이처럼 멤버 각자가 데이터를 정렬하여 보고 싶다면 필터 보기 기능을 이용하는 것이 좋습니다.

피드백 주고받기

공동 편집 작업하는 멤버 간에는 스프레드시트에서 댓글을 통해서 의사소통을 할 수 있습니다. 특정한 셀에 대해서도 멤버에게 댓글을 보낼 수 있습니다. 물론 댓글을 받은 멤버는 답장을 달 수도 있습니다.

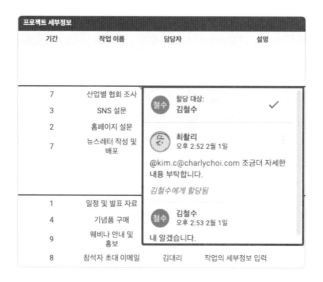

→ 셀을 대상으로 댓글 주고받기

셀 단위 수정 기록 확인하기

협업자와 스프레드시트로 공동 편집 작업 시 중요한 데이터가 실수로 잘못 수정될 수 있습니다. 기본적으로 구글 문서(문서, 스프레드시트, 프레젠테이션)에는 문서 수정 기록을 확인할 수 있는 버전 기록 보기 기능이 있습니다. 그러나 이 버전 기록만으로는 누가 셀 단위로 수정했는지 그 내용을 확인하기가 어렵습니다.

그러므로 셀 단위로 수정한 기록을 확인하는 기능을 추가로 제공합니다. 해당 셀을 선택하고 나서 마우스 오른쪽 버튼을 클릭하면 나타나는 수정 기록 표시 메뉴를 통해 셀 수정 기록을 확인할 수 있습니다.

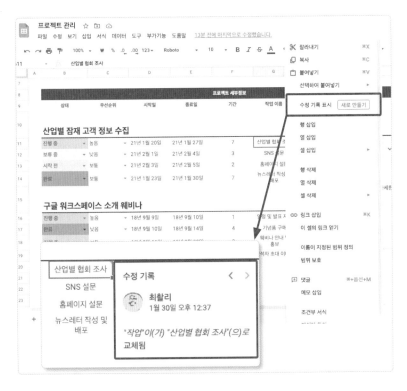

→ 셀 단위 수정 기록 확인

스프레드시트 수정 시 자동 알림 받기

팀원 중 누군가가 프로젝트 계획을 변경하면 언제 누가 무엇을 변경하였는지 알 수 있도록 이메일로 알림을 받을 수 있습니다.

① 메뉴에서 도구 → 알림 규칙을 선택합니다.

② 알림 규칙 설정 대화 상자에서 변경사항이 있을 경우를 선택하고 하루에 한번만 받을지 수시로 받을지를 선택합니다.

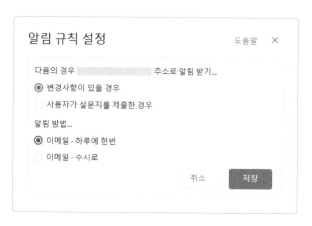

→ 알림 규칙 설정

이 설정에 따라 팀원 중 누군가가 시트를 수정하면 자동으로 알림 이메일을 받을 수 있습니다.

댓글은 이메일로도 확인할 수 있습니다. 단, 댓글 이메일 알림은 약간의 시차가 생길 수 있어 수신하는 데 5분 이상 걸리기도 합니다. 이럴 때는 구글 채팅의 Google Drive 챗봇을 이용하면 댓글 알림을 실시간으로 받을 수 있습니다.

제13장

완성한 계획서
결재·승인

많은 기업이 재택근무를 하면서 가장 필요로 하는 업무 지원 도구 중의 하나는 원격에서도 결재할 수 있는 전자 결재 서비스일 것입니다.

구글이 Google Workspace를 출시하면서 Google Workspace Business Standard 버전 이상부터는 구글 드라이브 내 저장된 모든 파일(40여 종의 파일 형식)에 대하여 결재 승인을 요청할 수 있는 일종의 전자 결재 서비스를 추가할 예정입니다(2021년 6월 기준 베타 서비스 중).*

승인 관리하기(2021년
6월 기준 베타 서비스 중)

https://support.google.com/
a/answer/9381067?hl=ko

이 장에서는 이 구글 드라이브를 위한 전자 결재(승인/거부) 서비스 활용 방법을 소개합니다.

13.1 구글 드라이브용 결재(승인/거부) 기능 활용하기

구글이 지난 2019년 넥스트 콘퍼런스에서 처음 소개한 서비스입니다. 당시 G Suite용 구글 드라이브 안에 승인(Approval)/거부(Decline) 기능을 추가할 예정이라고 발표했습니다. 거의 1년 이상 일부 베타 서비스 신청자에게만 허용하여 지금까지 베타 테스트 중인 기능의 하나입니다.

이 기능은 Google Workspace Business Standard 및 Plus, Enterprise, Education 및 Google Workspace for Education Plus 버전에서 제공될 예정입니다.

구글 드라이브에 저장된 구글 문서(문서, 스프레드시트, 프레젠테이션)뿐만 아니라 일반 파일(MS 오피스, PDF, HWP 형식 등 40여 종)에 대해서도 결재 승인을 요청할 수 있습니다.

승인 요청 시 결재자는 내부 도메인 사용자뿐만 아니라 외부 도메인(Google Workspace 계정 사용자) 사용자도 지정할 수 있습니다. 단, 여러 명의 결재자를 차례대로 지정한다 하더라도 결재는 차례대로 진행되지 않습니다. 즉, 결재자가 여러 명이라면 순서와 상관없이 모두 승인을 해야만 결재 완료가 됩니다.

이 결재 기능의 가장 큰 장점은 UI가 단순하고 직관적입니다. 구글 드라이브에 저장된 파일에 대하여 빠르게 승인 요청을 할 수 있습니다.

결재 진행 중에는 결재 요청자나 결재자 모두 문서를 수정할 수 있습니다. 그러나 최종 결재 완료 후 해당 문서는 잠김 상태가 되어 수정할 수 없습니다.

→ 결재 완료 후 해당 문서는 수정할 수 없도록 '잠김' 상태가 됨

만일 결재 완료 후에 해당 문서를 다시 편집해야 할 때는 <파일 잠금 해제>

버튼을 클릭하여 잠금을 해제할 수 있습니다. 이럴 경우는 수정이나 댓글 작성 기능이 복구됩니다. 그러나 승인 완료 상태는 풀리고 새롭게 재승인을 요청해야 합니다.

→ 감금 해제 시 재승인이 필요하다는 경고 메시지

승인 완료 후 다시 편집할 때는 해당 문서 상단에 승인된 버전 사용 가능으로 표시되고 <세부 정보 보기> 버튼을 이용해서 그 동안의 승인 과정에 대한 버전 기록을 확인할 수 있습니다.

→ 승인 완료된 문서 '잠김 해제' 후 다시 편집할 때

<세부 정보 보기>에서는 이 파일의 이전 버전에 대한 승인 기록을 확인할 수 있습니다.

→ 승인 완료된 문서 잠금 해제 후 다시 편집 시 세부 정보 보기

문서 승인 요청 시에는 결재자에게는 이메일로 승인 요청 알림 메시지가 전달됩니다. 결재자는 승인 또는 거절 그리고 승인 담당자 변경을 할 수 있습니다.

→ 결재자는 '승인', '거절', '승인 담당자 변경' 중 선택

여러 명의 결재자를 지정했다면 메일 본문 내용 안에서 누가 결재를 완료하였고, 아직 미결재 중인지를 확인할 수도 있습니다.

→ 승인 요청 시 이메일 본문 내용

시작하는 방법(관리자 용)

Google Workspace 관리자는 관리 콘솔(admin.google.com)에 접속하여 모든 사용자 또는 조직단위 사용 설정을 해야 합니다. 앱 → Google Workspace → 드라이브 및 문서 설정에서 승인을 사용해야 합니다.

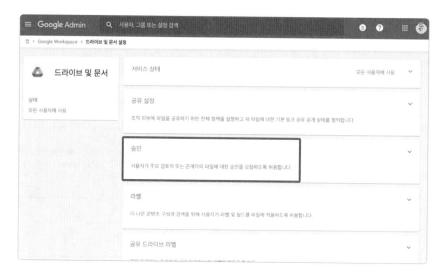

→ 관리자 콘솔에서 드라이브 및 문서에서 '승인' 기능 사용

승인 요청 → 조직이 소유한 파일에 대한 승인 요청을 허용합니다.를 사용으로, 조직의 사용자가 파일에 대한 승인을 요청하도록 허용을 사용으로 설정해야 합니다.

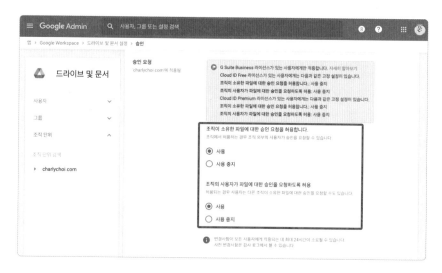

→ 관리자 콘솔에서 '승인 요청'을 사용하도록 설정

승인 요청

　드라이브 사용자는 구글 문서나 일반 파일(MS 오피스 문서, PDF, HWP)에 대해서 승인을 요청할 수 있습니다. 드라이브의 파일을 선택한 후 마우스 오른쪽 버튼을 클릭한 후 승인 요청을 하거나 드라이브 오른쪽 위의 세부 정보 보기 아이콘(ⓘ)을 클릭하여 승인 요청할 수 있습니다. 결재자는 여러 명을 지정할 수 있습니다. 그러나 앞서 언급했듯이 차례대로 결재하는 방식은 아니라 순서에 상관없이 결재자가 모두 결재해야 승인됩니다. 결재자는 해당 문서 공유자로 지정한 사용자와 별개로 지정할 수 있습니다.

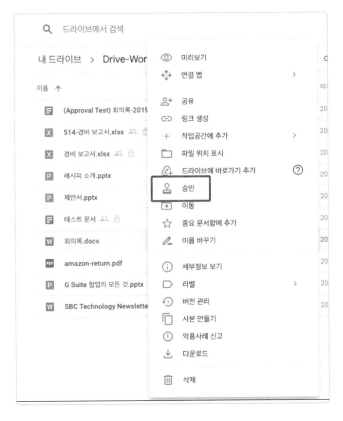

→　구글 드라이브에서 승인 요청하는 방법 1 – 마우스 오른쪽 버튼 클릭 후 '승인' 선택

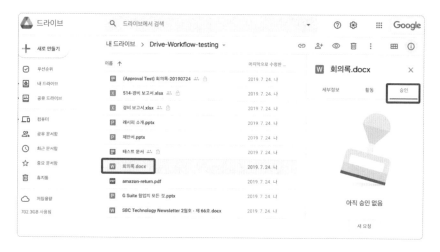

→ 구글 드라이브에서 승인 요청하는 방법 2 – 파일 세부 정보 보기의 '승인' 탭

결재자는 내부 도메인 사용자뿐만 아니라 외부 도메인 사용자도 지정할 수 있습니다(다른 도메인의 Google Workspace 사용자만 가능하며 개인 Gmail 사용자는 해당 사항 없음).

→ 승인 요청하기 설정

결재자 지정 후 승인 요청 시 해당 문서의 공유 권한을 부여하여 지정할 수 있습니다(보기 또는 수정으로, 기본값은 보기). 이때 <기한 추가> 버튼으로 기한을 추가할 수 있습니다.

→ 결재자에게 권한 부여하기(댓글/수정)

승인 또는 거부

결재자에게는 메일로 승인 요청 메시지 알림이 전달됩니다. 결재자는 승인 또는 거부할 수 있습니다. 결재자 중 한명이라도 승인 거부 시 해당 문서는 '승인 거부됨'으로 표시됩니다.

→ 승인 요청 이메일

→ 이메일 내용에서 '승인 대기' 또는 '승인 완료' 상태 보기

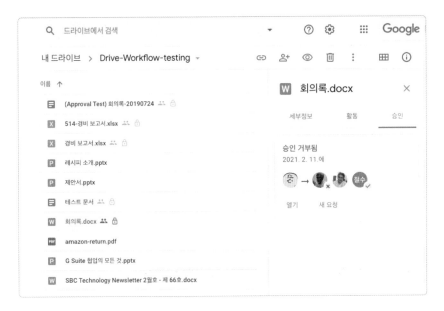

→ 구글 드라이브에서 결재자의 '승인' 상태 보기

요청 대기 중

결재자가 승인하기 전까지는 요청 대기 중으로 표시됩니다.

→ 승인 요청 대기 중

여러 명의 결재자를 지정할 때 결재자 순서는 정할 수 없습니다(즉, 결재자 지정 순서대로 결재가 진행되는 방식이 아님). 일반적인 결재 시스템처럼 결재자 순서를 지정하여 순서대로 결재 시 승인하는 기능은 현재 베타 서비스에서는 제공하지 않으며 모든 결재자가 순서에 상관없이 승인해야 결재가 완료됩니다. 복수 결재자 중에 한 명이라도 거부하면 해당 문서는 결재 거부가 됩니다.

승인 요청 취소

결재 요청자는 결재 대기 중에 언제든 승인 요청을 취소할 수 있습니다.

→ 승인 요청 취소

승인 완료된 문서는 '잠김 상태'가 되며 잠김과 승인됨으로 표시됩니다. 이 상태에서는 결재 요청자와 결재자는 문서를 수정하거나 댓글을 달 수 없습니다. 수정이 필요하다면 잠금을 해제하여 다시 편집할 수 있으나 이렇게 되면 이미 승인된 것은 취소됩니다. 그러므로 수정 후 재승인 절차를 밟아야 합니다.

이미지 상단에는 구글 드라이브 화면이 있습니다.

이름 ↑	소유자
📄 (Approval Test) 회의록-20190724	나
X 514-경비 보고서.xlsx	나
X 경비 보고서.xlsx	나
P 레시피 소개.pptx	나
P 제안서.pptx	나
📄 테스트 문서	나
W 회의록.docx	나
PDF amazon-return.pdf	나

→ 구글 드라이브에서 '승인' 완료 문서 확인하기

결재 문서 검색

내가 요청한 문서만 검색 시(결재 진행 중일 때만 가능) 'approval:requestedbyme'로 검색할 수 있습니다. 내가 승인해야 할 문서만 검색 시 'approval:awaitingme' 로 검색합니다.

더 자세한 내용은 유튜브 데모 동영상＊을 참고하시기 바랍니다.

> 드라이브 승인 기능 데모 영상
>
> https://www.youtube.com/watch?v=0FUDx02ampU

13.2 완료된 공동 프로젝트 계획서 승인받기

재택근무 중인 협업팀이 공동으로 작업하여 완료한 프로젝트 계획서를 팀장 또는 사업부 부장에게 최종 승인을 받아야 한다고 가정하겠습니다.

먼저 프로젝트 계획서 시트를 열고 파일 메뉴에서 승인 요청을 합니다.

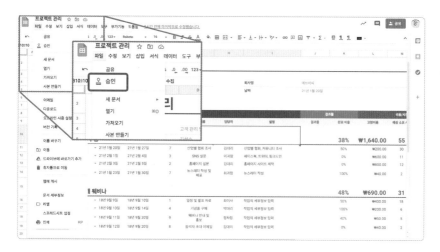

→ 승인 메뉴 선택

→ 승인 요청하기

승인 요청을 받은 팀장 또는 부서장은 해당 문서를 열고 승인 또는 거부를
합니다.

→ 승인 요청 대기 중인 문서

프로젝트 계획서가 결재자 승인을 하면 승인 완료 메시지를 메일로 받게
됩니다.

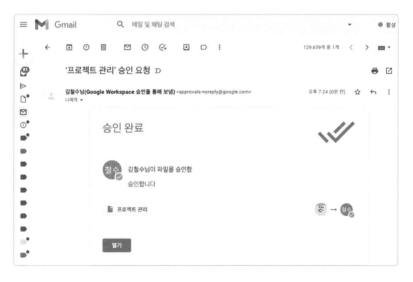

→ 승인 완료 메시지

최종 승인 완료된 스프레드시트는 잠김과 승인됨으로 표시됩니다.

→ 승인이 완료된 문서

승인 완료된 문서는 잠김 상태이므로 수정할 수 없습니다. 수정을 하고자 잠김 상태를 해제하면 승인 취소 메시지가 전달되고 해당 문서는 승인 취소된 상태로 바뀝니다.

부록

...

보안과
전자 결재

Google Workspace는 상위 버전으로 올라갈수록 보안이 강화된 기능을 제공합니다. 여기서는 Google Workspace의 최상위 버전인 Enterprise Plus가 제공하는 핵심 보안 기능을 설명합니다.

앞서 '13.1 구글 드라이브용 결재 기능 활용하기'에서 살펴본 전자 결재 기능은 매우 기본적인 기능(승인/거부)만을 제공하고 아직은 베타 서비스 상태로 모든 사용자에게 정식으로 공개된 상태는 아닙니다(2021년 6월 기준). 따라서 그동안 Google Workspace를 도입한 많은 기업에서 전자 결재 용도로 도입하여 사용하는 서드파티 전자 결재 솔루션인 GDriveFlow (SBC Technology에서 Google Workspace 전용으로 자체 개발)도 함께 소개하고자 합니다.

Google Workspace
보안 조치

원격에서 일하는 방식이 보편화하면서 기업이 가장 많이 신경을 쓰는 부분은 업무 효율을 올리는 협업 도구뿐 아니라 기업의 지적 자산 보호와 개인 정보 보호를 위한 **보안 시스템** 도입일 것입니다.

기업에서 보안 정책이 필요한 대표적인 몇 가지 예를 들어 보도록 하겠습니다. 참고로 다음 보안 정책과 조치 방법은 Google Workspace Enterprise, Google Workspace for Education Plus 버전에서만 사용할 수 있습니다.

A1.1 악의적인 자료가 공유되었을 때 조치

다음과 같은 상황이 발생했다고 가정합시다.

> "악의적인 자료가 포함된 파일이 공유되고 있습니다. 누가 파일을 만들었는지, 언제 만들어졌는지, 누가 누구와 공유했는지, 파일을 수정한 사람은 누구인지 알고 싶고 마지막으로 파일을 삭제하고 싶습니다."

조치 방법

조사 도구에서 드라이브 로그를 사용하여 도메인에 있는 원치 않은 파일을 찾고 추적하여 격리하거나 삭제할 수 있습니다. 드라이브 로그에 접근하면 다음과 같은 작업을 할 수 있습니다.

조사 도구는 Google Workspace Enterprise Plus에서 제공하는 핵심 보안 기능 중의 하나입니다. 관리자가 관리 콘솔에 접속하여 보안 메뉴에서 조사 도구를 이용하여 다음과 같은 작업을 할 수 있습니다. 조사 도구에 대한 자세한 설명은 부록 'A2.5 보안 조사 도구'를 참고하시기 바랍니다.

- 이름, 사용자, 소유자 등으로 문서 검색
- 문서와 관련된 모든 로그 정보 확인
- 작성일, 문서 소유자, 확인자, 수정자, 공유된 시점 확인
- 파일 권한 변경이나 파일 삭제 작업 실행

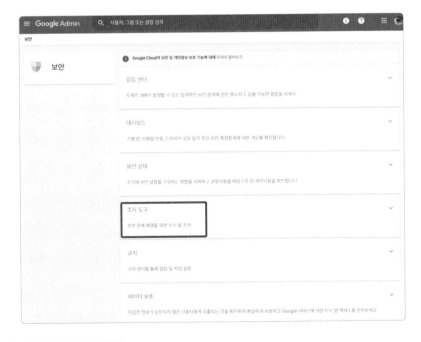

→ 관리 콘솔의 '조사 도구' 메뉴

A1.2 고의 또는 실수로 파일 공유 시 조치

> "실수로 또는 고의로 공유되면 안 되는 파일을 누군가 또는 그룹과 공유했습니다. 해당 그룹의 파일 접근 권한을 삭제하고 싶습니다."

조치 방법

조사 도구에서 드라이브 로그를 사용하면 도메인에 있는 원치 않는 파일을 찾고 추적하여 격리 또는 삭제할 수 있습니다. 드라이브 로그에 접근하면 다음 작업을 할 수 있습니다.

- 이름, 사용자, 소유자 등으로 문서 검색
- 확인한 사람과 공유된 시점을 비롯하여 문서 관련된 모든 로그 정보 확인
- 파일 권한 변경과 내려받기, 인쇄, 복사 사용 중지 작업

A1.3 내부 직원에게 실수로 메일을 보낸 후 조치

> "누군가 보내지 말았어야 할 이메일을 보냈습니다. 누구에게 이메일을 보냈는지, 수신자가 메일을 열어 보고 답변을 했는지 알고 싶고 마지막으로 이메일을 삭제하고 싶습니다. 아울러 이메일 내용도 알고 싶습니다."

조치 방법

조사 도구에서 Gmail 로그를 사용하여 도메인에 있는 위험하거나 악의적인 이메일을 식별하고 관련 작업을 취할 수 있습니다. Gmail 로그에 접근하면

다음 작업을 할 수 있습니다.

- 제목, 메일 ID, 첨부 파일, 발신자 등으로 특정 이메일 검색
- 작성자, 수신자, 읽음이나 전달 여부 등 이메일에 관한 세부 정보 확인
- 검색 결과에 기반을 둔 작업 실행

Gmail 메일 관련 작업에는 삭제, 복원, 스팸이나 피싱으로 표시, 받은 편지함으로 전송, 스팸 격리 저장소로 전송이 포함됩니다.

A1.4 피싱이나 악성코드 이메일을 수신했을 때 조치

"피싱 또는 악성코드 이메일이 내부 직원에게 전송되었습니다. 직원이 이메일 내 링크를 클릭했는지, 첨부 파일을 내려받았는지 알고 싶습니다. 해당 링크나 첨부 파일을 클릭하거나 내려받았다면 사용자와 도메인이 위험에 노출될 수 있기 때문입니다."

조치 방법

조사 도구에서 Gmail 로그를 사용하면 도메인에 있는 악의적인 이메일을 찾아 격리할 수 있습니다. Gmail 로그에 접근하면 다음과 같은 작업을 할 수 있습니다.

- 첨부 파일을 포함하여 특정 내용의 이메일 메시지 검색
- 수신자, 읽은 여부 등 특정 이메일에 관한 정보 확인
- 메일이 악의적인지 판단하기 위해 메일과 메일 대화목록 확인
- 메일을 스팸이나 피싱으로 표시

■ 특정 받은 편지함이나 스팸 격리 저장소로 전송 또는 메일 삭제

A1.5 악의적인 사용자 중지

> "악의적인 사용자를 막으려고 부단히 노력하지만, 이들은 지속적으로 도메인 내 특정 사용자를 타깃팅합니다. 어떻게 하면 이 문제를 해결할 수 있나요?"

조치 방법

조사 도구에서 사용자 로그를 사용하면 다음과 같은 작업을 할 수 있습니다.

■ 조직에서 사용자 계정 도용 시도를 식별하거나 조사

■ 조직의 사용자가 어떤 2단계 인증 방법을 사용하는지 모니터링

■ 조직 내 사용자의 실패한 로그인 시도에 관해 자세히 알아보기

조사 도구를 사용하여 **활동 규칙***을 만들면 특정 사용자의 메일 및 기타 악의적인 활동을 자동으로 차단, 고급 보호 프로그램**을 사용하여 유명 사용자 보호 강화, 사용자 복원 또는 일시 중지를 할 수 있습니다.

★ 조사 도구로 활동 규칙 만들기 https://support.google.com/a/ answer/9275024?hl=ko	**★★ 고급 보호 프로그램으로 사용자 보호하기** https://support.google.com/a/ answer/9378686?hl=ko

외부 파일 공유 금지 조치

> "민감한 문서는 외부에 공유하지 못하도록 했음에도 내부에서 실수 또는 고의로 외부에 공유하는 사용자가 있고 문서가 있습니다. 이미 외부에 공유한 문서는 모두 찾아서 강제로 공유를 차단하고 싶습니다."

조치 방법

보안 대시보드의 파일 노출 보고서를 사용하여 다음을 비롯한 도메인의 외부 파일 공유 측정 항목을 확인하세요.

- 지정된 기간 도메인 외부 사용자의 공유 이벤트 수
- 특정 기간에 수신한 외부 파일의 조회 수

A1.7 **피싱 시도 조치**

> "사용자가 피싱 시도를 신고했습니다. 언제 피싱 이메일이 도착했는지, 사용자가 정확히 어떤 이메일을 수신했는지, 어떤 위험에 노출되었는지 추적하고 싶습니다."

조치 방법

보안 대시보드에서 사용자 보고서 패널을 사용하여 특정 기간에 피싱이나 스팸으로 표시된 메일을 확인할 수 있습니다. 수신자와 읽은 여부 등 피싱으로 표시된 이메일에 관한 정보를 확인할 수 있으며 사용자 보고서를 사용하면 특정 기간에 사용자가 메일을 어떻게 표시하는지(스팸, 스팸 아님 또는 피싱) 확인할 수도 있습니다. 그래프를 맞춤 설정하여 특정 유형의 메일에 관해서만 세부 정보를 제공할 수 있습니다(예: 메일이 내부로 또는 외부로 전송되었는지, 기간별로 전송되었는지 등).

A1.8 개인정보 파일 또는 민감한 문서 외부 공유 차단 조치

> "직원 또는 고객, 학생 개인정보 파일이 구글 드라이브에 저장됐는데, 이 자료를 외부에 유출되는 것을 차단하고 싶습니다."

조치 방법

관리자는 사용자가 조직 외부 사용자에게 구글 드라이브 또는 공유 드라이브의 민감한 콘텐츠를 공유하지 못하도록 차단할 수 있습니다.

데이터 손실 방지(DLP)* 규칙을 사용하여 파일에 민감한 콘텐츠가 있는지 검사할 수 있습니다. 예를 들어 사용자가 은행 계좌나 세금 ID 번호가 포함된 파일을 공유하려 할 때 최고 관리자에게 이메일을 보내 이를 알릴 수 있습니다. 또한, 사용자가 파일을 공유하려 할 때 경고를 표시하거나 조직 외부 사용자가 파일에 접근하지 못하도록 완전히 차단할 수도 있습니다.

Drive용 DLP를 사용하여 데이터 손실 방지하기

https://support.google.com/a/answer/9646351?hl=ko

A1.9 지정된 네트워크 또는 지정된 컴퓨터만 접근 권한 부여

> "회사에서 인증한 컴퓨터 또는 네트워크에서만 Google Workspace
> 서비스 접속을 허용하고 싶습니다."

조치 방법

컨텍스트 인식 액세스*을 사용하면 사용자 ID, 위치, 기기 보안 상태, IP 주소와 같은 속성에 기반을 두어 앱의 상세한 접근 제어 정책을 만들 수 있습니다. 네트워크 외부에서 앱에 접근하는 것을 제한할 수도 있습니다. 이와 함께 컨텍스트 인식 접근 정책을 핵심 Google Workspace 서비스에 적용할 수 있습니다. 예를 들어 사용자가 핵심 Google Workspace 서비스에 로그인한 후 커피숍으로 이동하는 등 사용자가 위치를 변경할 때 해당 서비스에 관한 컨텍스트 인식 접근 정책으로 이를 차단합니다.

컨텍스트 인식 액세스 개요

https://support.google.com/
a/answer/9275380?hl=ko

A1.10 구글 클래스룸에서 학생이 제출하는 과제물 표절 확인

> "학생이 제출하는 과제물의 표절 여부를 확인하고, '표절 발견'을
> 학습 기회로 활용할 수 있으면 좋겠습니다."

조치 방법

과제의 원본 보고서*에서 학생이 과제물을 제출하기 전에 출처를 밝히지 않은 콘텐츠와 의도치 않은 표절을 식별할 수 있습니다. 원본성 보고서는 구글 문서를 다양한 소스와 비교하고 출처를 밝히지 않은 텍스트를 표시하여 학생이 배우고 실수를 바로잡아 자신 있게 과제물을 제출할 수 있습니다.

교사가 과제에 원본성 보고서를 사용 설정하면 출처를 밝히지 않고 인용한 콘텐츠나 의도하지 않은 표절이 있는지 학생이 과제를 제출하기 전에 보고서를 통해 확인할 수 있습니다. 보고서는 학생의 Google 문서 파일을 인터넷의 웹 페이지나 책과 비교합니다.

원본성 보고서는 영어, 프랑스어, 인도네시아어, 이탈리아어, 노르웨이어, 포르투갈어, 스페인어, 스웨덴어로 설정된 Google Workspace for Education

과제에 원본성 보고서 실행하기
https://support.google.com/edu/classroom/answer/9335819?hl=ko

(이전 G Suite for Education) 계정에서만 제공됩니다.

과제물을 제출한 후 클래스룸에서는 교사만 확인할 수 있는 보고서를 자동으로 실행합니다. 과제 제출을 취소하고 다시 제출하면 클래스룸에서는 교사를 위한 다른 원본성 보고서를 실행합니다.

> Google Workspace for Education(구 G Suite for Education(무료 버전))에서는 학생은 원본성 보고서를 과제당 최대 3회 실행할 수 있습니다. Google Workspace for Education을 사용하는 교사는 원본성 보고서에 무제한 접근할 수 있습니다.

보안이 강화된
Google Workspace Enterprise Plus

Google Workspace Enterprise Plus 버전은 보안이 한층 더 강화된 제품입니다. 기업이 Google Workspace를 도입하면서 특별히 보안 강화를 고려한다면 지금부터 설명할 다음 5가지 항목을 반드시 검토해야 합니다.

기업에서 재택근무가 보편화하면서 원격 협업 활동이 더욱 활성화되고 있는 실정입니다. 이와 함께 내부 중요 데이터 유출을 막고 고객의 개인정보 보호도 해야 하고 각종 악성코드, 피싱, 악성 바이러스로부터 지적 재산을 안전하게 보호하기 위한 다양한 보안 조치를 취해야 합니다.

기업에서 보안을 강화하려면 믿을 수 있는 네트워크(예: 회사 내부망)에서만 IT 시스템에 접근할 수 있도록 해야 합니다. 원격에서 근무하는 직원에게는 기업에서 제공하는 인증된 컴퓨터를 등록하여 사용하도록 해야 하고 등록하지 않은 컴퓨터는 기업 내부 IT 시스템에 접근할 수 없도록 권한을 통제할 필요가 있습니다.

해당 보안 이슈를 해결하기 위한 다양한 서드파티 보안 솔루션이 있습니다. 그러나 이러한 솔루션은 추가 도입과 구축 비용이 만만치 않게 발생할 수 있습니다. Google Workspace Enterprise Plus는 추가 비용 없이도 앞서 언급한 각종 보안 위협 요소로부터 안전하게 지키기 위한 다양한 서비스를 제공합니다.

Google Workspace Enterprise Plus가 제공하는 5가지 보안 기능

1. 컨텍스트 인식 액세스

회사에서 공급한 컴퓨터를 신뢰할 수 있는 기기로 등록하고 등록하지 않은 컴퓨터는 Google Workspace 서비스에 접근할 수 없도록 하고 회사 내부의 신뢰할 수 있는 네트워크(IP 주소) 기반으로 Google Workspace 앱(Gmail, 구글 드라이브, 캘린더, Keep) 접근을 제어할 수 있습니다.

2. Gmail용 보안 샌드박스(베타)

이전에 알려지지 않은 악성코드를 안전한 샌드박스 환경에서 '실행'하고 운영체제에 미치는 부작용을 분석하여 위험 행위를 근본적으로 차단합니다.

3. 데이터 손실 방지(Data Loss Prevention)

Gmail DLP와 Drive DLP는 사람이 실수로 또는 고의로 회사의 기밀 자료나 유출하면 안 되는 개인정보 관련 자료를 이메일로 전송하거나 드라이브로 외부 공유하는 것을 방지하기 위한 것으로, 회사의 유출 금지 규칙을 정의하고 이를 관리자가 모니터링하고 검열하는 데 필요한 기능을 제공합니다.

4. 보안 조사 도구

외부에서 대량의 악성 이메일, 스팸 메일, 피싱 메일이 여러 명의 사용자에게 배달되었을 때 관리자는 해당 메일이 다른 곳으로 유포되기 전에 사전조치로 사용자에게 이미 배달된 메일을 삭제하고 스팸으로 표시해야 할 필요가 있습니다.

Gmail 로그 데이터에 접근하여 악성 이메일을 찾아 삭제하고 이메일을 스팸이나 피싱으로 표시하며 사용자의 받은 편지함으로 이메일을 보냅니다. 드라이브 로그 데이터에 접근하여 조직의 파일 공유, 문서 작성과 삭제, 문서에 접근한 사용자 등을 조사합니다.

5. Windows 기기 관리

> "사내에서 허용한 Windows 컴퓨터만 사용하여 원격에서 근무 시 내부 보안 자료 USB 메모리 복사 유출 등을 차단하고 퇴사자 컴퓨터나 도난당한 노트북에 대해서는 원격에서 데이터를 완전 삭제 조치하고자 합니다."

이럴 때는 Windows 기기에 대해 다음과 같은 항목을 통제할 수 있습니다.

하드웨어 통제: 외장 USB 메모리를 통한 자료 유출을 차단합니다. USB 메모리에 읽기/쓰기 금지, 읽기 허용, USB 메모리 사용 자체 금지, 내장 카메라 사용 금지 등을 통제합니다. 그리고 WiFi, 블루투스, VPN 등 네트워크를 통제하고 분실한 기기나 사용자가 퇴사했을 때는 해당 기기의 데이터를 완전히 삭제할 수 있습니다.

소프트웨어 통제: Windows 용 자동 업데이트 관리, 맞춤 설정으로 윈도우 앱을 설치하거나 차단하는 등 통제할 수 있습니다.

기기 감사 로그: 세부 정보를 볼 수 있습니다.

이 외에도 구글 계정 사용자 로그아웃시키기, BitLocker 암호화 사용 설정, 계정 권한 설정 등을 할 수 있습니다.

컨텍스트 인식 액세스*를 이용하면 사용자의 위치 또는 기기가 IT 정책을 준수하는지와 같은 상황에 따라 Google Workspace 앱(Gmail, 구글 드라이브, 캘린더, Keep) 접근을 통제할 수 있습니다.

컨텍스트 인식 액세스
데모 영상

https://www.youtube.com/
watch?v=YS7y5_B5qWg

조직 단위의 모든 구성원에 대해 2단계 인증과 같은 접근 정책을 설정할 수 있습니다. 컨텍스트 인식 액세스는 해당 사용자에 대해 세분화된 상황별 제어를 제공합니다. 예를 들어 다음과 같이 회사 소유 기기를 Google Workspace 관리 콘솔에 등록(기기 일련번호 등록)하여 통제할 수 있습니다.

→ 기기 일련번호 등록

회사에서 허가하지 않은 컴퓨터나 네트워크에서 Google Workspace 서비스에 접근한다면 다음과 같이 메시지 출력하고 서비스를 사용할 수 없도록 합니다.

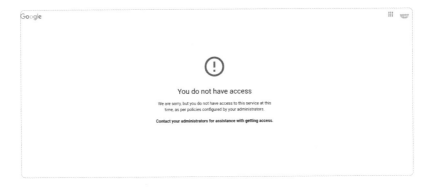

→ 등록하지 않은 기기로 접근했을 때

컨텍스트 인식 액세스 권한 부여

컨텍스트 인식 액세스는 다음 작업을 수행할 때 사용할 수 있습니다.

- 회사에서 지급한 컴퓨터(등록된)만 앱에 대한 접근을 허용할 수 있습니다.
- 사용자 기기 저장 용량이 암호화된 경우에만 드라이브에 대한 접근을 허용하게 할 수 있습니다.
- 회사 네트워크 외부에서 앱에 대한 접근을 제한할 수 있습니다.

둘 이상의 작업을 결할 수도 있습니다. 예를 들어 회사에 등록된 컴퓨터가 회사에서 허용한 네트워크에서만 Google Workspace 서비스에 접근할 수 있습니다.

컨텍스트 인식 액세스 지원

컨텍스트 인식 액세스 정책을 적용할 수 있는 앱은 다음과 같습니다.

- Gmail
- 구글 드라이브와 문서(문서, 스프레드시트, 프레젠테이션, 설문 포함)
- 캘린더

- Google Keep

다음은 컨텍스트 인식 액세스 정책을 적용할 수 없는 앱입니다.

- 모바일 앱(Gmail 앱, Apple Mail 앱)
- 데스크톱용 드라이브 앱

플랫폼 요구 사항

플랫폼 요구 사항은 정의한 상황별 정책의 유형에 따라 다릅니다.

IP 정책

IP 정책은 사용자가 앱에 연결할 수 있는 IP 주소 범위를 지정합니다.

- 장치 유형: 데스크톱, 랩톱 또는 모바일 장치
- 운영 체제: Mac, Windows, Chrome
- 접근: 웹 브라우저에서만
- 소프트웨어: 모든 브라우저

기기 정책

기기 정책은 기기가 암호화되었거나 비밀번호가 필요한지와 같은 사용자가 앱에 접근하는 기기에 대한 특성을 지정합니다.

- 기기 유형: 데스크톱 전용
- 운영 체제: Mac, Windows, Chrome
- 접근: 웹 브라우저에서만
- 소프트웨어: 크롬 웹 브라우저, Chrome Endpoint Verification 확장 프로그램 설치

관리자 요구 사항

최고 관리자 또는 모든 권한을 가진 피위임 관리자만 컨텍스트 인식 액세스 정책을 설정할 수 있습니다.

- 보안 → 보안 설정
- 서비스 → 서비스 설정
- 컨텍스트 인식 액세스 → 접근 수준 관리
- 컨텍스트 인식 액세스 → 접근 수준 적용

사용자 경험

사용자가 앱에 접근하려고 시도할 때 해당 사용자가 접근 수준 조건을 충족하지 못하면 관리자에게 접근 권한을 요청하는 메시지가 표시됩니다. 예를 들어 Gmail 접근을 위한 기기 정책을 정의하고 사용자가 Mac 또는 iPhone의 Safari 브라우저에서 Gmail에 접근하려고 하면 메시지가 표시됩니다. 기기 정책을 사용하면 사용자가 Chrome 브라우저에서만 데스크톱에 접근할 수 있으며 휴대 기기가 아닌 데스크톱이나 노트북에서만 접근할 수 있기 때문입니다.

A2.3 Gmail용 보안 샌드박스로 이메일 보안 강화

Gmail용 **보안 샌드박스**(베타)는 이전에 알려지지 않은 악성코드를 안전한 샌드박스 환경에서 실행하고 운영체제에 미치는 부작용을 분석하여 악성 행위를 판별하여 이전에 알려지지 않은 악성코드가 첨부 파일에 있는지 등을 감지합니다.

이메일 첨부 파일은 실제 사용자가 클릭한 것과 똑같은 방법으로 샌드박스 안에서 실행합니다. 이 작업은 이 메일이 도착한 지 몇 분 안에 완료되며 사용자에게는 추가 보안 수단을 제공합니다. 보안 샌드박스는 악의적인 임베디드 스크립트나 제로데이 위협을 통해 확산된 악성코드에 대한 적용 범위를 제공하고자 개발되었습니다.

Gmail 보안 샌드박스는 다음을 제공합니다.

- 잠재적인 악성 이메일에 대한 사전 배달 세부 검색하고 격리 동작을 트리거하는 규칙에 대한 세분화된 관리자 제어
- Google Workspace 보안 센터를 통한 보고

보안 샌드박스는 기존 탐지보다 높은 수준의 악성코드 방지 기능을 제공합니다. 대상 운영 체제의 영향을 분석할 수 있는 안전한 환경에서 첨부 파일을 실제로 열면 랜섬웨어, 내장 스크립트(예: 매크로 또는 .js 파일 포함)를 통해 전달되는 정교한 악성코드나 제로데이 위협을 더 잘 탐지할 수 있습니다.

시작하는 방법

관리자

관리 콘솔에 접속한 후 앱 → Google Workspace → Gmail로 이동하고 나서 고급 설정에서 베타 보안 샌드박스 기능을 찾아 사용 설정합니다.

추가 세부 사항

원하는 경우 관리자는 사용자 정의 규칙을 설정하여 보안 샌드박스에서 테스트할 메시지를 제어할 수 있습니다. 사용자 지정 규칙이 적용되지 않으면 각 조직 구성 단위로 보낸 첨부 파일이 있는 모든 메시지를 샌드박스에서 검

사합니다. 각 조직 구성 단위(OU)에 대해 규칙을 사용자 지정할 수 있습니다. 또한, 관리자는 악성 코드가 있는 메시지를 어떻게 처리할지 결정할 수 있습니다.

보안 샌드박스에서 탐지한 악성코드는 기본적으로 스팸 폴더에 저장됩니다. 이와 함께 보안 샌드박스에서 탐지한 악성코드 첨부 파일을 격리할 수 있습니다. 스팸 메타 데이터 특성을 사용하여 콘텐츠 준수 규칙을 만듭니다.

A2.4 데이터 손실 방지

구글은 Google Workspace을 사용하는 기업의 데이터를 안전하게 보호하고 철저하게 유출되지 않도록 유지 관리합니다. Google DLP는 회사의 중요한 데이터가 유출되는 것을 방지하고 보호합니다.

Google Workspace은 관리자가 모든 정보에 관련된 보안 사항(암호화, 감사 보고서, 공유 제어, 모바일 관리, 2단계 인증)을 관리할 수 있도록 합니다. 이와 함께 **데이터 손실 방지**(Data Loss Prevention, DLP)는 회사에서 민감한 데이터나 보안이 필요한 데이터가 외부로 유출되는 것을 방지하기 위한 새로운 보호 방법을 지원합니다.

Gmail DLP와 Drive DLP는 사람이 실수로 또는 고의로 회사의 기밀 자료나 유출하면 안 되는 개인정보 관련 자료를 이메일로 전송하거나 드라이브로 외부 공유하는 것을 방지하기 위한 것으로, 회사의 유출 금지 규칙을 정의하고 이를 관리자가 모니터링하고 검열하는 데 필요한 모든 기능을 제공합니다.

왜 DLP가 중요한가?

이메일은 업무적으로 사람과 커뮤니케이션
하기 위한 중요한 도구입니다. 2015년 세계 이
메일 사용 통계를 보면 하루에 약 2조 건의 메
일을 보내고 받는다고 합니다.*

"Email Statistics Report,
2015-2019" - The Radicati
Group

https://www.radicati.com/wp/
wp-content/uploads/2015/02/
Email-Statistics-Report-2015-
2019-Executive-Summary.pdf

회사에서는 지적재산권이 있는 데이터, 고객
의 개인 정보를 포함한 많은 민감한 데이터를
관리해야 합니다. 민감한 데이터를 유출한다
면 데이터 손실 비용과 소송비 등의 대가를 치러야 합니다.

이러한 데이터 유출은 대부분 실수로 발생합니다. 직원이 사내 특정인에게
보내야 할 민감한 데이터를 전체 메일로 보내거나 수신자 이름을 비슷한 이
름의 다른 사람에게 보내거나 또는 보내는 데이터 안에 얼마나 민감한 데이
터가 포함되어 있는지조차 모르고 보내는 경우 등 이러한 실수가 발생할 때
Gmail DLP는 Google Workspace 고객이 이러한 데이터를 유출하지 못하도록
도움을 줍니다.

Gmail DLP는 어떻게 동작을 하는가?

예를 들어 고객의 개인정보를 다루는 영업부
서에서는 고객의 신용카드 정보, 여권번호, 주
민번호 등의 정보는 외부로 유출되지 않도록
보호해야 합니다. 이러한 정보를 안전하게 보호
하고자 관리자는 DLP 정책 설정을 이용하여
내부 규칙을 만들 수 있습니다. 규칙 생성 시 사
전 정의된 검사 프로그램*을 선택할 수도 있습니다. 사전 정의된 검사 프로

DLP 규칙을 사용하여
이메일 트래픽 검사하기

https://support.google.com/
a/answer/6280516?hl=ko

그램으로는 '해외 신용카드 번호' 또는 국가별 '여권 번호' 등이 있습니다. 이 중에서 필요한 규칙을 선택하여 설정할 수 있습니다.

Gmail DLP는 회사에 외부로 보내는 모든 이메일을 자동으로 확인합니다. 의심이 되는 메일을 확인하면 송신자에게 메일 수정을 요청하거나 전송을 막거나 알림을 보낼 수 있습니다.

첨부 문서 스캐닝

Gmail DLP에서 메일 내용의 스캔은 제목이나 본문뿐만 아니라 첨부한 파일 내용에도 해당합니다. Gmail DLP는 파일 확장자를 기반으로 하지 않고 바이너리 스캔을 통해서 파일 유형을 인식하여 정확하게 데이터를 스캔합니다. 첨부 문서에서 텍스트를 추출할 때는 파일 유형에 맞는 적절한 알고리즘을 이용합니다. 예를 들어 이미지를 첨부 파일로 전송한다면 OCR 텍스트 추출 기능을 적용하여 스캔합니다.

Gmail DLP - 이메일 검열(Manage Quarantines) 기능

Google Workspace의 기업용 Gmail이 개인용 이메일 서비스나 타 호스팅 이메일 서비스 시스템과 차별화되는 요인입니다. 기업은 이메일 서비스의 의존도가 매우 높고 매우 중요한 업무에 이메일을 사용하기 때문에 그만큼 안정성이나 보안 강화 등은 매우 중요한 요소가 되고 있습니다. 이러한 요구 사항을 얼마만큼 충족하느냐는 매우 중요합니다.

이 기능은 기업 내부에서 이메일 보안 규정(보안 콘텐츠, 불쾌감을 주는 콘텐츠, 첨부 파일 규정 준수, 스팸)을 사전에 정의하고 직원이 이 규정에 어긋나는 메일을 보내거나 받을 때 이메일 시스템이 자동으로 이를 걸러냅니다. 그리고 해당 메일을 삭제할 것인지 아니면 회사 내의 이메일 검열 부서에서 해당 메일을 검토하도록 보낼 것인지 아니면 그냥 수신할 것인지를 결정하는 기능입니다.

예를 들어, 기업 내에서 이메일 보안 규정으로 메일 제목 또는 본문 내용에 회사가 정한 금칙어('기밀', 'confidential', '비밀', '보안 규정')나 불쾌감을 주는 단어(욕, 성적 표현, 외설 단어), 개인정보 데이터(주민등록번호, 여권번호, 신용카드번호 등)을 정의해 놓았다면 직원이 이메일을 보내거나 수신할 때 이를 Gmail 시스템이 자동으로 검열하여 해당 메일을 격리 처리하여 이를 해당 검열 부서에서 검토할 수 있도록 하는 것입니다.

이러한 Gmail 검열 기능은 스팸 격리 저장소 메일에 정책 구성이라 하며 대상이 될 수 있는 규정은 다음 그림과 같이 4가지가 있습니다.

— 스팸 격리 저장소 메일에 정책 구성

관리자가 다음의 관리 콘솔 Gmail 설정에서 메일을 스팸으로 분류할 수 있는 옵션을 선택할 수 있습니다.

- 콘텐츠 규정 준수
- 불쾌감을 주는 콘텐츠
- 첨부파일 규정 준수
- 스팸

→ 격리 정책 4가지

이메일 검열 관리자*는 Gmail에 로그인하고 다음 URL에 접속하면 회사 정책에 위반되어 격리한 메일을 검토할 수 있습니다.

검열 대상이 되는 메일을 선택하여 이를 허용할 것인지 아니면 거부할 것인지 결정할 수 있습니다. 이렇게 검열 대상이 된 메일은 관리자가 결정할 때까지 메일 전송 또는 수신이 유보되며 관리자가 거부(Deny)하면 해당 메일 송신자에게는 다음과 같은 메시지를 보냅니다.

★
이메일 검열 관리자
(관리자 권한 필요)

https://email-quarantine.
google.com/adminreview

Delivery to the following recipient failed permanently:

  hsikchoi@gmail.com

Technical details of permanent failure:
회사 보안규정에 위배되어 거부되었습니다.

----- Original message -----

X-Gm-Message-State: ALoCoQm5sF02zeDaE74flWvX0MrEdurIhUrgnxk6C5ulYdZVaD6OQLHRhIb6
R48f0rxoGDruhNAy
X-Received: by 10.60.94.244 with SMTP id df20mr909976oeb.16.1427174224311;
 Mon, 23 Mar 2015 22:17:04 -0700 (PDT)
MIME-Version: 1.0
Received: by 10.202.174.4 with HTTP; Mon, 23 Mar 2015 22:16:23 -0700 (PDT)
From: "Choi, Charly" <charly.choi@charlychoi.com>
Date: Tue, 24 Mar 2015 14:16:23 +0900
Message-ID: <CABhc08SOGd16u9xAVNDCF_ib7Sp4BgfjJ_ax6brhkLDwmNtsXg@mail.gmail.com>
Subject: =?UTF-8?B?7LKo67aA66y47lSclOyghOyGoQ==?=
To: "hsikchoi@gmail com" <hsikchoi@gmail.com>
Content-Type: multipart/mixed; boundary=089e011845f8ace0e3051201e407

→ 메일 전송을 거부했다는 메시지

정규 표현식을 사용하여 주민등록번호 등의
개인정보를 포함한 데이터를 검색할 수도 있
습니다. 정규 표현식에 대해서는 다음 가이드
라인*을 참고하기 바랍니다.

Gmail의 검열 규정을 정의하는 방법에는 생
각보다 많은 옵션이 있고 매우 정교하게 규정
을 정의할 수 있습니다. 자세한 내용은 도움
말*을 참고하기 바랍니다.

정규 표현식 사용 가이드라인

https://support.google.com/
a/answer/1346938?hl=ko

이메일 스팸 격리 저장소
설정 및 관리하기

https://support.google.com/
a/answer/6104172?hl=ko

A2.5 보안 조사 도구

Google Workspace을 사용하다 보면 간혹 실수로 중요한 메일을 잘못된 내
부 사용자에게 보낼 때가 있습니다. 또한, 외부에서 대량의 악성 이메일, 스팸

메일, 피싱 메일이 다수 사용자에게 배달되었을 때 관리자는 해당 메일이 다른 곳으로 유포되기 전에 사전조치로 사용자에게 이미 배달된 메일을 삭제하거나 스팸으로 표시해야 할 필요가 있습니다. 이럴 때 Google Workspace 최고 관리자는 **보안 조사 도구***를 사용하여 도메인의 보안과 개인정보 보호 문제를 식별하고 선별하여 조치를 취할 수 있습니다.

보안 조사 도구 동영상

https://www.youtube.com/watch?v=xgo2BPSYpTQ

조사 도구로 할 수 있는 작업은 다음과 같습니다.

- 기기 관련 데이터에 접근
- 기기 로그 데이터에 접근하여 데이터 접근에 사용되는 기기와 애플리케이션 파악
- 이메일 콘텐츠를 비롯하여 Gmail 메일 관련 데이터에 접근
- Gmail 로그 데이터에 접근하여 악성 이메일을 찾아 삭제하고 이메일을 스팸이나 피싱으로 표시하여 받은 편지함으로 보냄
- 드라이브 로그 데이터에 접근하여 조직의 파일 공유, 문서의 작성과 삭제, 문서에 접근한 사용자 등을 조사
- 조사 도구로 수행한 검색과 작업은 관리자 감사 로그를 통해 검토

> 조사 도구는 Google Workspace Enterprise 및 Google Workspace for Education Plus 고객만 사용할 수 있습니다. 하지만, 조직에 Google Workspace Enterprise, Google Workspace Business 라이선스가 모두 있는 경우 최고 관리자는 조사 도구로 조직 내 모든 사용자의 Gmail 로그 데이터를 볼 수 있습니다. Google Workspace Business (Starter/Standard/Plus) 라이선스가 있는 사용자의 로그 데이터도 마찬가지입니다. Google Workspace Enterprise 또는 Google Workspace Business 라이선스가 있는 사용자라면 최고 관리자가 사용자의 드라이브 로그 데이터만 볼 수 있습니다.

사용 방법

해당 기능은 Google Workspace 관리자만 접속할 수 있습니다.

① 관리자 콘솔의 보안 → 조사 도구에 접속합니다.

② 검색 조건을 지정 후 검색을 진행합니다.

③ 삭제 작업이라면 다음과 같이 주의사항과 함께 직접 관리자가 안내 문구를 입력합니다('DELETE 15 MESSAGES'). 정확히 입력하면 팝업 창 하단에 DELETE 버튼이 활성화됩니다.

→ 삭제 전 확인 과정

이 과정은 관리자가 처리하는 모든 과정의 기록과 함께 더 안정적인 수행을 위한 추가 보완 작업이라 할 수 있습니다. 특히 대량 메일 삭제 등의 권한과 수행은 중요한 작업이므로 한 번 더 확인이 필요합니다.

작업이 끝나면 다음과 같이 처리 결과를 보여줍니다.

→ 처리 결과 확인

Windows 기기 관리

Windows 기기 관리를 사용하면 관리 콘솔에 등록한 기기를 구성하고 관리
할 수 있습니다.*

설정 관리

- 사용자의 관리 권한 수준 설정
- BitLocker 암호화 사용 설정
- Windows용 자동 업데이트 관리
- 맞춤 설정 적용: 특정 앱을 차단하고 USB 드라이브를 사용 중지하며 화면
  잠금 시간제한을 설정하는 등의 설정을 적용할 수 있습니다.

기기 관리

- 기기에서 데이터 완전 삭제
- 관리 기기에 대한 세부정보 보기
- 구글 계정에서 사용자 로그아웃시키기
- 기기 시스템 활동 감사
- Windows 기기 관리에서 기기 등록 해제

Windows 기기 관리 설정

https://support.google.com/
a/topic/9695954?hl=ko

Google Workspace
기반 전자결재 솔루션

전자결재 서비스는 그동안 많은 기업에서 사용하였던 대표적인 업무 지원 시스템인 그룹웨어 솔루션에 포함되었던 기본 서비스였습니다. 코로나19 펜데믹으로 인하여 많은 기업이 재택근무가 보편화 되면서 이 전자결재 서비스의 필요성이 더욱 대두하고 있습니다.

그동안 그룹웨어(전자결재, 게시판, 이메일, 업무용 인트라넷 포털)를 사용하다가 Google Workspace와 같은 클라우드 기반의 협업 플랫폼으로 옮기는 기업이 많아지고 있습니다. 특히 코로나19 팬데믹 이후부터 이러한 현상은 더욱 두드러지게 나타나고 있습니다. 그리고 이런 기업은 클라우드 기반의 협업 플랫폼에 최적화된 전자결재 솔루션 도입을 고려하는 실정입니다.

여기서는 Google Workspace에 최적화된 전자결재 솔루션 **GDriveFlow**(SBC Tech 개발)＊를 소개합니다.

전자결재 GDriveFlow

https://bit.ly/3nQfeqX

A3.1 동적 이메일의 활용

2018년에 구글은 Gmail에서 **동적 이메일**을 지원하기로 발표＊하였습니다. 당시 발표 내용에 의하면, 동적 이메일(Accelerated Mobile Pages, AMP)은 Gmail 본문 안에서 상호작용이 가능한 동적인 이메일을 지원하는 것이었습니다.

Gmail이 동적 이메일 기능을 제공하기 이전에도 구글 설문이나 캘린더 초대 시 이메일 본문 메시지 안에서 상호작용이 가능한 서비스를 이미 제공하고 있었습니다. 이메일 본문 안에서 설문 내용에 직접 응답하거나 캘린더 초대 시 RSVP 회신(참석 여부 응답)을 할 수 있었습니다.

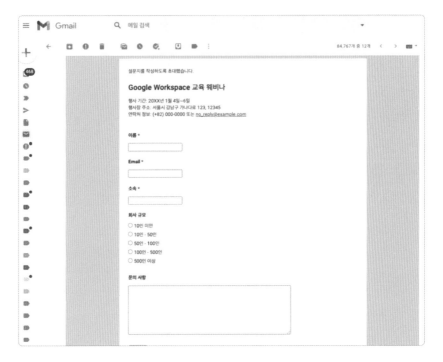

→ 이메일 본문에서 설문에 응답

→ 이메일 본문에서 캘린더 초대 응답

　사실 이러한 기능이 동적인 이메일의 전형적인 예라고 할 수 있습니다. 그러나 특정 구글 서비스(설문, 캘린더)에서만 가능하였지 일반적인 서드파티 앱에서는 사용할 수 없었습니다.

　Google이 동적 이메일 기능 *을 Gmail에 포함하면서 다양한 서드파티 앱이 이메일 본문 안에서 동적인 상호작용을 지원하기 시작하였습니다.

　Gmail 동적 이메일(AMP) 기능을 사용한 몇 가지 사례가 있습니다.*

AMP 소개(영문)

https://cloud.google.com/
blog/products/application-
development/amp-for-
email-developer-preview

Gmail에서 직접 전자결재
승인/반려/질의

https://bit.ly/3qrlI0l

Gmail 본문에 동적인 이메일을 포함하는지 확인하는 방법

본문 오른쪽 위에 번개 모양 아이콘(⚡)이 보이면 해당 메일은 동적인 이메일을 포함한 것입니다.

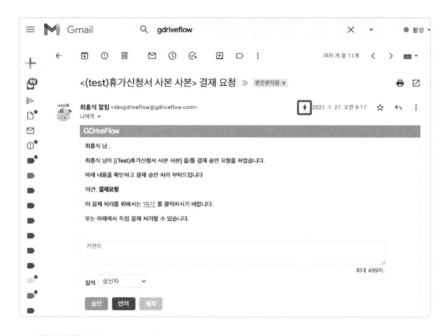

→ 동적 이메일 표시

Gmail에서 동적 이메일 사용하도록 설정하려면 설정 아이콘(⚙)을 누른 다음 <모든 설정 보기> 버튼을 클릭합니다. 그러고 나서 기본 설정 탭의 동적 이메일 항목에서 동적 이메일 사용 설정에 체크하면 됩니다.

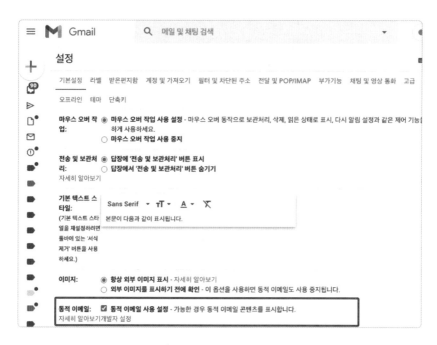

→ 동적 이메일 사용 설정

Gmail에서 직접 전자결재 승인/반려/질의

GDriveFlow*는 국내 Google 공식 파트너사인 SBC Technology (www.sbctech.net)에서 자체 개발한 Google Workspace에 최적화된 전자결재 솔루션으로, Gmail AMP (동적 이메일) 기능**을 포함합니다.

문서 결재자에게 결재 요청 알림이 이메일로 도착하면 별도의 전자결재 앱을 실행하지 않고도 이메일 본문 안에서 바로 내용을 확인하고 댓글을 달 수

도 있고 결재 승인 또는 반려, 질의를 할 수도 있습니다.

Google Workspace에 최적화되어서 전자결재 솔루션도 Gmail 안에서 모든 결재를 처리할 수 있습니다.* 전자결재 문서 상신 시 결재자에게는 이메일로 알림이 전달됩니다. 이메일 본문 내용 안에서 결재문서 내용을 확인하고 댓글을 직접 입력하고 승인할 것인지 아니면 반려할 것인지를 직접 실행할 수 있습니다.**

→ 이메일을 이용한 전자결재

구글 채팅용 GDriveFlow 전자결재 챗봇 활용하기

구글 채팅용 챗봇 API를 이용하여 개발된 전자결재 GDriveFlow를 위한 챗 봇입니다. **GDriveFlow Chatbot**은 Google Workspace에서만 사용할 수 있는 전 자결재 솔루션입니다. 결재 과정에서 발생하는 결재 관련 모든 알림(결재요청,

상신, 결재 취소, 반려, 질의 등)을 자동으로 수신 처 리하고 20개 이상의 결재 관련 명령어를 실행합 니다. 이 서비스는 Google Workspace 사용자 중 전자결재 GDriveFlow 서비스를 이용하는 고객 만 설치할 수 있습니다.*

Google Chat용 GDriveFlow
ChatBot 설명서

https://bit.ly/2WMqfhk

모든 알림 메시지 자동 수신하기

- 상신자: 상신 알림 메시지 받기
- 결재자: 결재 요청 메시지 받기

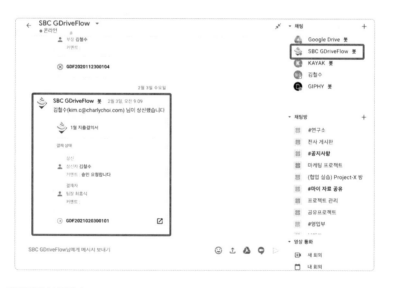

→ 챗봇 명령어 실행하기

GDriveFlow에서 필요한 20개 이상의 명령어(한글/영문/명령어 번호)를 실행합니다.

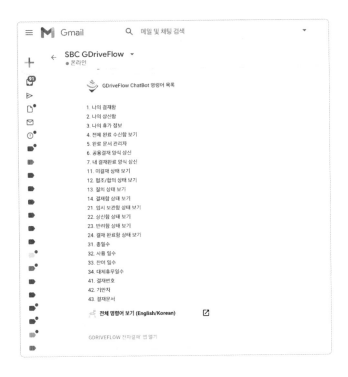

→ GDriveFlow 명령어 목록과 실행

로 마 자